子どもと親のためのフレンドシップ・プログラム

人間関係が苦手な子の友だちづくりのヒント30

フレッド・フランクル 著
辻井正次 監訳
足立匡基　村山恭朗　浜田　恵
明翫光宜　高柳伸哉　増山晃大 訳

Friends Forever

How Parents Can Help Their Kids Make and Keep Good Friends

by

Fred Frankel, PhD

This translation published under license with the original publisher
John Wiley & Sons, Inc. through Japan UNI Agency, Inc., Tokyo

謝辞

私はちょうどいい時にちょうどいい場所にいられたことに感謝しています。私はボブ・マイヤットにとてもお世話になりました。彼はミシシッピ大学での博士研究における子どものソーシャルスキルについての専門知識を私に共有してくれました。カリフォルニア大学ロサンゼルス校で、ボブ・マイヤットと私が開発したフレンドシップ・プログラムの成功によって、私は多くの親子に会うことができました（本書で紹介する場合、機密保持のために名前やほかの特定できる部分は変更しています）。リンダとシンシアの助けと励ましが私の経験をこの本に集約させてくれました。

私の共同研究者からも多くのことを学び、私のアプローチが子どもの友だち関係に応用できる幅を広げてくれました。カルフォルニア大学サンディエゴ校のデニス・ウィスフリーと彼女の生徒たちは、特に、からかいの対処の方法に関するテクニックを体重に問題のある子どもに応用することを助けてくれました。ブレア・ペイリーとマリー・オコナーと彼女の生徒たちは胎児性アルコール・スペクトラム障害およびアルコール関連神経障害を持つ6歳の子どもたちにこの技法を試行するのを助けてくれました。エイミー・ショーンフェルド、エリザベス・ローガソンは認知機能に障害がある子どもや少年、その保護者のための技法の拡張を紹介し、試行してくれました。エリカ・カーペンターは保護者のネットワーキングスキルの情報の作成を助けてくれました。

私はこの本を出版してくれたジョッセイバス出版の全ての人に感謝します。アラン・リンズラー編集長の賢明な指導、本書の出版に尽力したシニア編集アシスタントのナナ・ツァラシ、本書の制作を指導してくれたシニア・プロダクション・エディターのキャロル・ハートランド、徹底したコピー編集をしてくれたベイ・ミラー、そして本書の最後の仕上げをしてくれたスーザン・ジェラティ。また、本書について効果的に情報発信してくれたマーケティング・マネージャーのジェニファー・ウェンクセルと広報担当のエリン・ビームにも感謝します。

序　文

旧版の序文より

私が臨床活動を始めた1980年代の半ば、私のところに来る家族の中に、友だち関係に問題をもった子どもが多くいました。従来の支援技法（個人療法、集団療法、家族療法）ではこのような問題に効果はなく、私は自分にできることはないかと考えるようになりました。1990年、私の息子は5歳になり、一人で友だちを作り始めたところでした。私は、息子がどのように友だちを作っており、友だち関係を維持するために保護者は何をしなければいけないのかを考えました。また、近所で子どもに友だちがいる保護者たちもほとんど同じことをしていることにも気づきました。

また、子どもの友だち関係について研究者がどのような知見を見出したかについても調べてみました。1980年代は、友だち関係に問題をもつ子どもたちに関心を持つ研究者にとって、実りの多い年でした。発達心理学者がブレークスルーを成し遂げたのです。まず、子どもたちに「誰と遊ぶのが好きか」「誰と遊ぶのが嫌いか」を質問し、その結果、多くの子どもたちが密かに友だち関係の問題を抱えていることがわかりました（10%の子どもたちはまったく友だちがいませんでした）[1]。そして、同じ状況下での、友だち関係に問題を引き起こす子どもたちの行動と、適応している子どもたちの行動を明らかにしました。

ある研究者は、こうした子どもたちが成長したときに何が起こるかを見出すための忍耐力（と資金）をもって調査を行い、その結果、彼らは目を見張るような知見を得ました。慢性的に友だちを作ったり維持したりするのが苦手な子どもは、思春期に学校を退学したり、薬物問題を起こしたりする可能性が高いことを明らかにしたのです。[2] 家族（兄弟姉妹を除く）しか親友がいない子どもたちは孤独な大人になっていました。[3] 親友はお互いに社会的な優しさや、意見の相違を解決する方法を教えあうことがわかりました。[4] 親友とはストレスの多い時にはお互いに支えあい、互いに自分自身の欲求を超えて他者への配慮ができるものなのです。[5]

本書（新版）の紹介として

旧版の「Good Friends Are Hard to Find」はおかげさまで好評を博しました。アラビア語、中国語、日本語、韓国語、スペイン語の5つの主要言語で再版されました。また、政府機関[6]や国の公共メディア[7]からも支持され、セラピスト[8]や子どもや保護者[9]を代表するさまざまな国の公益団体からも好評を博しています。

この本の初版が出版されてからいくつかの重要な変化がありました。最も重要なことは、中学、高校までに及んでいる暴力の影響について保護者がより心配するようになったことです。

インターネットはインスタントメッセージ（ＩＭ）や、ほしい情報といらない情報が氾濫することで、家庭生活により深く入り込んできました。ビデオゲームはより洗練され、子どもたちを魅了するようになりました。このような状況の中で、保護者が直面する新たな課題は非常に多く、それは小学生の子どもを持つ保護者にも及んでいます。私は、これらの新たな課題に対処するための情報をこの本に加えました。

臨床心理学の分野でも、エビデンスに基づいた新しい支援技法の流れが定着し、変貌を遂げています。その基本的な考え方は、治療（支援）プログラムは標準化されるべきであり、治療（支援）の結果に基づいて評価され、修正されるべきだというものです。ＵＣＬＡ（カリフォルニア大学ロサンゼルス校）の子どものフレンドシップ・プログラムはこの運動の先頭に立ってきました。これまでに、１３００人以上の子どもたちとその保護者が「子どものフレンドシップ・トレーニング」のクラスで助けられてきました（研究調査以外では、

１９８９年以来、１５５回以上のクラスを実施してきました）。介入の重要な部分は、保護者と子どもに与えられる宿題です。この宿題は、本書の多くの部分を構成しています。その後のセッションでは、宿題を実行した親子の経験を聞き、必要に応じてプログラムをそれぞれの状況に合わせて調節していきます。このプロセスは、私がプログラムを修正、変更するうえで重要な意味を持っており、その結果を反映して本書を改訂しました。

臨床試験の結果は、70％～91％の子どもたちに効果指標（outcome measures）で改善が見られたという喜ばしいものでした。[10] 注意欠如・多動症（ＡＤＨＤ）の支援技法の一つである薬物療法との相互作用を検証したところ、メチルフェニデートなどを服用しているＡＤＨＤの子どもたちは、ＡＤＨＤではない子どもたちと同じレベルに改善されました。[11] 胎児性アルコール・スペクトラム障害の子どもたちは、リスペリドンなどの神経弛緩薬を処方された場合に、保護者と教師の評価した全ての測定項目で改善が見られました。[12] 自閉症スペクトラムの子どもたちは薬物療法を実施されないほうが、より大きな改善を示しました。[13] 終了後16週目のフォローアップでは継続的な改善が見られました。[14] これは、保護者が私たちから学んだテクニックを使って、一対一の遊びの取り組みを続けているからだと考えています。

最も重要な発見は、親しい友だち関係を築くには、一対一の遊びの取り組みが最適だということです。[15] 一対一の遊びの取り組みとは、子どもが一人だけのゲストを招待し、その人と二人きりで遊ぶことです。これは、子どもたちが誰にも邪魔されずに親密になれる唯一の機会なので、子どもたちが友だちと親密な関係を築き、それを維持するのに役立ちます。

本書の構成

本書では、説明をシンプルにするために、いくつかの表記方法を採用しています。私たちが支援した子どもたちの95％は小学1年生から6年生でしたので、事例はこの年齢層のみを対象としています。また、読みやすくするために、男子はスポーツ、女子は人形遊びというように、男子と女子の興味の対象をステレオタイプ化して話しています（トムボーイ（ボーイッシュでお転婆な女の子）については第5章で詳しく説明しています）。

この本の焦点は、保護者を助けることにあります。私は、研究に関する文章のことで根拠となるものもしっかりみたいという方のために、引用文献のリストを掲載しました。これらは特別なリソースになるでしょう。また、セラピストや読者向けにUCLAプログラムの出版されたマニュアルや、私たちのグループがどのような役割を果たしているかについて、より詳しく紹介しています[16]。

この本は友だち関係に関するよくある問題をステップバイステップで解決するプランで構成されています。

1. 「問題」では、その章で扱う具体的な問題を説明しています。
2. 「背景」はそれぞれの問題の原因と解決策を理解するのに役立ちます。
3. 「問題の解決」ではお子さんと一緒に練習できるように、ステップバイステップで説明しています。
4. 「次のステップ」では次にどの問題を解決するべきか、どの章を読めば関連情報が得られるかがわかります。

この本を隅から隅まで読む必要はありません。お子さんが助けを必要としている部分に焦点を当て、一つずつ問題を解決していけばいいのです。お子さんに教えるべき最も重要なルールと、最初に解決すべき問題を教えています。ルールをお子さんに教えるのは簡単です。

私はこれまでに出会った、最高の友だち関係の定義を思い出しました。「友だち関係とは自分が対等であると考える人との間で、愛情と献身をもって形成される相互関係である」[17]

子どもたちが友だちを見つけて作るのを助けるにはかなりの投資が必要です。今日の保護者に求められているることは膨大です。しかし、本書で紹介されている戦略を実践する時間を作ることで、子どもが質の高い友だち関係を育むことができます。ものすごく成長する子どもは、一緒に問題を話し合い、どうすればよいのか知っている保護者を持っています。子どもの友だち関係の問題を解決するにはあなたの力が一番必要です。

目　次

目　次

目　次

第1部　親がどのように助けることができるか

子どもは、食事や運動と同じくらい友だちを必要としています。

人生の成功は、学業成績と他者と友好的な関係を築くスキルとの組み合わせに影響されます[1]。

親御さんは、あなたの子どもの友だち探しのお手伝いをしてあげましょう。

1　友だちのための時間作り

問題

・子どもが友だちを作る時間があるとは思えません。彼らには宿題もあるし、学校での活動もあるし。どうすればいいでしょうか？

背景：忙しすぎて友だちができない？

現代の私たちのライフスタイルは、昔の子どもたちに比べて遊びの時間が少なく、子どもたちが友だち関係を築くことから遠ざけています。教師（と保護者）は教育により多くの時間をとられてしまうようになっており、結果として時間内に収まらないものが、午後や夕方の時間に宿題として加えられることになってしまいます。また、昔に比べて、両親ともに仕事をしている家庭が増えているため、平日に家族で一緒に過ごす時間が少なくなっています。週末を家族の時間として利用している人もいます。確認しておきたいことは、全ての人にとって友だちを作るための時間がほとんどないということです。

私たちは時間を見誤る

学齢期の子どもたちは、１週間に平均27時間の電子メディア視聴を行っているとされています。[1] そして、それはあくまでも平均的な時間であり、一部の子どもたちはより多くの時間視聴していると考えられます。また、この数字には、テレビゲームのプレイ時間やその他のコンピューターの使用時間は含まれていません。子どもたちは休みの土曜日の朝、走り回って遊ぶ代わりに、テレビを見たり、友だちにメッセージを送ったり、テレビゲームをしたりして過ごします。私は、多くの親御さんから全てのことをやり終えるのが大変だとききます。そんな中で親御さんは、子どもたちがこういったことに時間をつぶしてくれていることに、ほっとしているようです。しかし、子どもたちの肥満率は増加しており、電子メディアの視聴時間は、その主要な要因と目されています。[2] 私たちは、娯楽のために友だち関係や健康を犠牲にしているのです。

私たちの時間を提供する

サッカー、ボーイスカウト、音楽レッスン、コンピューター教室、空手など、さまざまな活動に子どもたちを参加させなければならないと感じていると親御さんからききます。これらの活動は、子どもの自由時間を効果的に埋めることができますが、子どもたちには友だちとの時間が全く残りません。

子どもたちには一対一の遊びの時間が必要であり、それは友だちを作るのに最適な方法です。習い事やスカウトは、他の子どもたちとの出会いのための生産的な方法かもしれませんし、スポーツは時に運動をするための方法になるかもしれません。しかし、子どもは毎週1、2回、2時間以上の遊びができるように十分に余裕をもった時間が必要です（幼稚園や小学1年生はより短い時間からスタートします）。他の子どものスケジュールに合わせることになるので、４時間以上空けておく必要があることもあるでしょう。夫婦で仕事をしている場合も、土日は終日、子どもの遊びのための日として備えましょう。

問題解決：友だちのために時間を空ける方法

自由な時間を作るには、毎週のスケジュールを調整するために、いくつかのシンプルで先のことを見通したプランニングが必要になるかもしれません。大切なのは、それぞれの活動の長期的な重要性を推し量り、より重要な活動に取り組めるようにすることです。

ステップ1：子どもに親しい友だちとの時間がどれくらいあるか計算してみよう

子どもが現在、一対一で遊ぶプライム・タイム（最高のあそびの時間）をどれくらい持てているかを把握しましょう。プライム・タイムとは、他の子どもがあなたの子どもと一緒になる可能性が高い時間のことで、以下のような条件を満たす必要があります。

・あなたが周りにいられること。
・子どもが好きな遊び相手を自分で選ぶことができること。
・子どもが周りにきょうだいがいなくても遊べること。これはあなたがアレンジすることは難しいかもしれませんが、やってみる価値のあることでしょう。
・子どもや友だちが遊びたいもの（こと）を選ぶことができること。

表1 - 1は、学校が終わるのが午後2時30分であると仮定した場合の典型的な遊びに使える日の日程を示し

ています。お泊りする時間（金曜・土曜の午後7時以降）をプライム・タイムに含めないようにしましょう。お泊り会は、仲良しになってきた子どもたちにとっては貴重なものですが、最初の数回の遊びの機会としては、お互いにとってそのような貴重な時間になり得ないでしょう。

両親が両方とも働いている場合、月曜から金曜までの間で（表のような）遊びの日程を組むことは不可能であり、週に17時間のプライム・タイムしか確保できません。さあ、あなたの子どもが一対一で遊べる時間が何時間あるかを考えてみましょう。プライム・タイムの週の合計時間が4時間未満の場合は、ステップ2に進んでください。

ステップ2：友だち関係を育まない活動を除外していく

あなたの子どもがプライム・タイムに行っている全ての活動のリストを作成し、それぞれの活動時間がどのくらいの時間を占めているか確認してみましょう。

毎週の活動がオーバースケジュールで、親密な友だち関係を発展させるだけの時間のない子どもの例を表1‐2に示しました。削るべきものは何でしょう？　ここで、私が考えた外していくべき順番に並べたリストを提示します。あなたの子どもが必要な時間を確保できるまで、リストを下っていってください。

除外する活動

1．テレビやテレビゲーム。これらの必要性は極めて低く、時間の浪費、また不

表 1-1　遊びのプライム・タイム

曜日	プライム・タイム	合計時間
月曜から木曜	午後 2:30 － 6:00	14.0
金曜	午後 2:30 － 7:00	4.5
土曜と日曜	午前 10:00 －午後 7:00	17.0
プライム・タイムの合計		35.5

健康なライフスタイルを促進するもので、最も簡単に外せる活動です。土曜日の朝のテレビの代わりに遊びの日程をスケジュールに入れましょう（遊びの間はテレビを消したままにしましょう）。

2. 都合がつきやすい友だちと遊ぶこと。これらは、母親の友だちの子どもや親戚の子、子どもの仲よしではない近所の子どもかもしれません。都合のつきやすい友だちと遊んでも、親しい友だちと遊ぶことで得られるようなメリットは何もありません。あなたが子どものお気に入りの友だちとの遊びの約束を調整できるのなら、こういった他の約束はキャンセルしてくださいね（一週間前に知らせれば十分です）。

3. 大人の指導が行き届いていないクラブ活動やスカウトは、有益ではありません。コーチに怒鳴られたり、活動を任せっきりよりは、子どもは家にいればいいでしょう。

4. 自宅での遊びにつながらない、あなたの近所のクラブ活動やスカウト。

5. 身体を動かす機会が少ないクラブ活動（ベンチに座

表 1-2　オーバースケジュールの子ども

活動	週当たりの時間数
宿題	8 時間
音楽のレッスンと練習	4 時間
近所の子どもの子守り	1 時間
リトルリーグの試合や練習	3.5 時間
宗教学校	4 時間
スカウト	1.5 時間
サッカー	3.5 時間
テレビ鑑賞、テレビゲーム	9 時間
折り紙教室	1 時間
総合	35.5 時間

ったままであること、順番待ち)。これらは、身体活動による健康効果がほとんどなく、また、座りっぱなしのライフスタイルを促進させてしまいます。

6. 折り紙や空手、美術教室等の、学校外での教育。これらの活動は、楽しく、友だちとの出会いの場にもなります。しかし、子どもがそこにいる子どもと知り合いにならなければ、彼らに会うことには少しもメリットがありません。

7. 複数のクラブやスカウト活動(リトルリーグやサッカー、水泳等の複数でのチーム練習は、多すぎる)。全部切り捨てないで、メリットの低いものだけを削りましょう。あなたの子どもの限られた時間の中で、必要なのはこれらの活動のうちの一つだけです。友だちとの余暇活動の機会を持てない場合、一度に複数のチーム活動を行うことは、子どもにとってほとんど恩恵がありません。

スケジュールをつめこみすぎの子どもたちは、クラブ活動や習い事を十分すぎるほど抱えています。個々の活動は、子どもと始めることを決めた時には充実しているように見えていたかもしれませんが、現時点で総合的にスケジュールを見直し、優先順位を決めましょう。遊びの約束ができる機会を最も少なくしているような活動を外すよう考えてみてください。学校外の習い事や活動を除外していくことで、フリーな時間を作りましょう。

ステップ3：あなたの時間を使ってしまう活動を外していく

あなたは、子どもの余暇活動を他人に任せるわけにはいきません。物事を円滑に進めるためには、あなたがそばにいてあげるのが一番です。あなたの時間は貴重であり、あなたや子どものためにならない、無駄な使われ方をするべきではありません。

例えば、マーガレットは、8歳のトッドの母親で、物腰が柔らかく、気さくな女性です。この2年間、彼女はトッド以外にも6人の男の子が所属しているカブスカウトグループ（スカウトの年少組）のリーダーとして多くの時間を費やしてきました。彼女はカブスカウトのミーティングの計画に毎週2時間費やし、カブスカウトの外出やその計画を立てるために毎月土曜の大事な時間帯を費やし、カブスカウトの活動を計画するために、別のカブスカウトグループのリーダーと月に1時間を費やしています。

トッドの母親が月に22時間もスカウトのためにボランティアをしているにもかかわらず、他の少年たちは誰もトッドを遊びに誘ったことがありませんでした。彼らは時折、カブスカウトのミーティングの際、トッドの前で自分たちの誕生日パーティーについて話していますが、彼らの誕生日パーティーにトッドを招待することはありませんでした。実際、トッドには遊びに誘える友だちが一人もいませんでした。

この話を聞いて、私はマーガレットに同情しました。彼女の勇敢な努力にもかかわらず（カブスカウトはマーガレットのような自分の時間をボランティアに使う親なしでは成立しないでしょう）、トッドは、彼女が他の子どもたちを助けていることによって見落とされていました。彼女がこれだけの時間をカブスカウトに費やしても、トッドと喜んで遊んでくれる子どもを見つける手助けにはなりませんでした。ここには毎月22時間、彼女がトッドのために使える時間があります。この時点で彼女には3つの選択肢があります。

1. カブスカウトの保護者と一緒に、遊びの約束をアレンジするための時間を割く。
2. 彼女のカブスカウトグループにトッドと遊びたい子どもたちを加える方法を探す。
3. 他の保護者にカブスカウトの運営を譲り渡す。彼女には、自分の時間を他の人にあげる義務はありません。彼女には他の保護者に対して、忙しくて続けられないことや誰か他の人を探さないといけないと伝える権利があります。彼女はトッドに、このカブスカウトグループを続けるか、別のカブスカウトグループに変えるか、スカウトを辞めるかの選択肢を与えることができます。

私はカブマスターをしていた時、３を選択した親を見ましたが、誰も彼らを非難しませんでしたし、彼らがこれまでカブスカウトの運営を行ってきてくれたことに感謝しました。他の保護者がスカウトに十分気を遣ってくれているのであれば、グループの指導者を引き継いでくれるでしょう。

ステップ４：あなたとあなたの子どものために車の相乗り乗車を始める

車の相乗りは時間の節約になるだけでなく、あなたの子どもが近くに住んでいる年の近い子どもと知り合う手助けにもなります。共通の目的地は、子どもたちに話題を提供してくれるものになりますし、（ラジオを消して）車に乗ることは話す時間を与えてくれます。遊びの約束のアレンジが格段に楽になります。例えば、ダーネルとクラークの母親は、息子たちを学校に行かせるために、お互いに相乗り乗車をしています。ここで、彼らが余暇活動のアレンジをどんなに簡単に行っているかご紹介します。

ダーネルの母親：ダーネルは、クラークが今週の金曜日にうちに遊びに来られるか知りたがっているよ。
クラークの母親：クラークはダーネルと遊びたいと思ってたので、それを聞いたらきっと喜ぶと思うよ。
ダーネルの母親：放課後に私が車で彼らをピックアップして、私のうちに連れてきてもいい？
クラークの母親：それは素晴らしい！

しかし、ポーラとジョアンナがそうであったように、相乗り乗車が友だち関係を育むことと反対に作用することもありえます。彼らはお互いに2ブロック以内に住んでいる、仲の良い友だちです。彼らの息子たちは同じ学校の1年生なので、そこで相乗り乗車をしていました。しかし、ジョアンナの息子はポーラの家や車の中、そして学校での振る舞いが悪く、ポーラの息子はこの男の子と遊ぶのが好きではありません。しかし、彼には他に選択肢がないので、相乗り乗車をするしかありません。

ジョアンナとポーラは友人ですが、彼らの息子たちはそうではありません。彼らは車の中で一緒にいることを強要され、妥協するように一緒に遊んでおり、それらは他の人間関係の芽が出るのを阻害しています。もしかすると、ポーラの息子が好きで同じ学校に通っている子どもが、その地域にいるかもしれません。相乗り乗車を変更したり、ポーラの息子が好きな子どもを加えることによって、ポーラの息子はもっと適切な子どもと遊ぶことができるようになるでしょう。

相乗り乗車をアレンジするためのヒント

・固定的なものにしないようにしましょう。暫定的なものとして設定して、もし変更する必要があっても、誰の気持ちも傷つけないようにしましょう。
・あなたの時間を節約できるように設定しましょう（ただし、運転の分担も行います）。
・帰りのドライブを遊び時間に変えましょう。送迎の時間帯を遊びの時間としてアレンジすることで、追加の時間を節約することができます。もう一方の親御さんも、彼女が運転をする日には同じようにすることができます。

次のステップ

あなたとあなたの子どもは今、学校の講義期間内に、友だちを作るという重大な課題に打ち込むための多くの時間を有しています(夏休みの間の時間管理については14章を読んでください)。あなたの子どもに招待する友だちがいる場合は、次の遊びの予定を入れる前に、10章と12章を読んでください。あなたの子どもがホスト(招く側)を上手くすることが難しい場合は、遊びの予定を入れる前に、12章と13章を読んでください。子どものスクリーンタイム（テレビやスマホ・タブレット等の画面を見て過ごす時間）があまりに長い場合や、一人で遊んだりしている場合は、２章を読んでみてください。子どもが新しい友だちとの出会いに困っている場合は、５章と7章を読んでみてください。子どもの友だちを見つけるためにどのように他の親御さんとつながりを持つか、ということについて、もし、あなたがいくつかコツをつかんでいるなら、６章を読んでみてください。

2　友だち関係を育むことを難しくする興味・関心

問題点

・うちの子は友だちが家に来ていても、一人で遊んでいることが多いのですが、どうしたらいいでしょうか？

・うちの子は友だちが来るとテレビを見たりゲームをしたりするのが好きですが、これを許すべきでしょうか？

・特定のおもちゃに執着しているのですが、気にかけた方がいいでしょうか？

背景：友だち関係の妨げになる興味・関心

ある種のお楽しみ、特にテレビやテレビゲームといった活動は、子どもから友だちを取り上げたり、一緒に遊ぶことの妨げになることがあります。例えば、以下のような点です。

・活動している間、他の子と話すのが難しくなる。

・友だちと遊ぶ時間を不必要に奪う。
・他の子と適度に身体を動かして遊びたいといった、エネルギーや意欲を奪う。
・一人きりでも同じように遊べたり、より良く遊ぶことができる。

夢中になりすぎて友だちができない

多くの親御さんは何かの用事を済ませている間、テレビやテレビゲームを子守りの代わりに使っています。この魅惑的なエンターテインメントを時々利用する分には問題ありませんが、一部の子どもは長時間、テレビやテレビゲームに夢中になってしまいます。

9歳のジェレミーは、テレビを見たり、テレビゲームをしたりして自由時間の多くを過ごしています。他の男の子がやっているゲームの遊び方を知らず、スポーツにもほとんど興味を示しません。また、家には同年代の子どもたちが興味を持つようなおもちゃもありません。同じく9歳のマイケルが彼の家に遊びに来たことがありましたが、2人はずっとテレビを見ていて、お互いにほとんど言葉を交わさずに過ごしていました。遊んだ日の後、マイケルは退屈だったと彼の両親に話しました。彼はそれ以来、ジェレミーからの誘いを断っています。

ジェレミーはテレビに夢中になるあまり、マイケルと友だちになるチャンスをふいにしてしまったのです。マイケルは人付き合いのできる子どもで、ジェレミーにとっては貴重な友人となったでしょう。ジェレミーが2時間もマイケルを無視したという事実は、現在のジェレミーの優先順位について悲しく物語っています。ジェレミーにテレビに夢中になるなと言うのは難しいでしょう。

ある調査では、電子メディアの閲覧に一日平均2時間以上を費やしている子どもは、体重過多やそれに伴う身体的な問題のリスクが高いことが分かっています。[1] 子どもたちは、他の子どもたちと一緒に楽しみ、話し合い、問題を解決する方法を学ぶ必要があります。友だちと遊んでいるほとんどの時間をテレビ視聴やテレビゲームに費やしてしまうと、子どもたちはお互いのことをほとんど学ぶことがないので、前述のように過ごす時間を奪われてしまいます。

どうしてジェレミーは他のものを排除してまで、テレビに夢中になっているのでしょうか？ それは相互的な活動が不足しているからなのか、悪い習慣なのか、それとも依存なのでしょうか？

おもちゃへの情熱が強すぎて、友だちへの思いやりが足りない

テレビへの依存は容易に特定することができます。ただ、別のタイプの友だち関係にとって有害な依存は、特定するのがそれより難しいかもしれません。ゲームやおもちゃに熱中し、興奮するあまりに、他の子どもが一緒に遊んでくれていることを忘れてしまう場合がそれに当たります。

ナタリーは7歳で、熱心な人形のコレクターです。家でも学童保育でも、何時間だって一人で遊んでいます。ナタリーはリアを遊びに誘いましたが、自分の人形で遊ぶことやリアが人形でどう遊ぶべきかを主張しました。リアは45分後にナタリーの人形遊びに飽き、一緒に遊ぶための組み立てパズルを見つけました。ナタリーはそのようなリアの様子に気づかず、リアはもうそれ以上、ナタリーと遊びませんでした。人形は多くの7歳の少女を、アクションフィギュアは多くの7歳の少年を魅了します。ナタリーは人形で遊ぶことに夢中になるあまり、友だちのことや友だちが何をしたいのかを気にしません。

男の子の多くがテレビゲームに関心を持っていますが、友だちとやりたいことがゲームだけだと、深い友だち関係を築く能力が阻害されてしまいます。あなたがテレビゲームを制限することは、遊びに誘う側にとって

も誘われる側にとっても、友だち関係がゲームで競い合うこと以上に価値のあるものだということを彼らに気づかせるのに役立つでしょう。

もし、あなたの子どもが一つのおもちゃに熱中しすぎているのなら、行動を起こすべきです。

問題解決：中毒性のある、あるいは他者と共有しない興味・関心を制限する

親は、友だち関係にとって破壊的な興味・関心を取り除き、友だち関係を育む興味・関心を育てることができます。友だち関係を作ることについては次章で述べますが、ここではまず、テレビやゲームへの依存や友だちを排除する興味・関心の制限について取り上げます。

ステップ１：電子メディアの誘惑やアクセスしやすい状況を取り去る

テレビやゲームを子どもの寝室から共有スペースに移動して、やりすぎている時にそのことがすぐに分かるようにしましょう。食事をする場所からテレビを取り除き、食事中はテレビを消しておくことで、メディアはいつでも視聴できるものではなく、テレビと食事は必ずしもセットではないというメッセージを子どもに伝えましょう。

例えば、テレビのある居間に夕食の皿を持っていくカールを母親が見たとします。

母親：家族で一緒にご飯を食べたいわ。テレビ越しに話すのではなくて、あなたの一日の話を聞きたいのよ。

カール：でもこの番組をぼくは本当に見たかったんだ。

母親：テレビを見るよりも、家族で話すことが大切でしょう。

プランA

カールがディナーの皿を持ってテーブルに戻り、母親がありがとうと伝えます。

プランB

カールがテーブルに来ない時には注意します。それでもカールがまだテーブルに来ない場合、その晩のテレビ視聴権は失われます。

ステップ2：ほどほどにいい週間スケジュールを設定・実行する

適切な時間帯に適度な量のテレビやゲームをするのは問題ありません。毎週の初めに、週のテレビ番組の中から、子どもと一緒に観たい番組をリストアップしましょう（理想的には、その週のテレビとゲームの合計時間は10時間以内で、これはより少ない方が望ましいです）。選択した番組に丸をつけて、子どもがテレビ番組を見たい時にどうすればいいかを、あなたと子どもが共通理解しているようにしましょう。丸がついていない場合、その番組は視聴しないことになります（丸がついているからといって、必ずしもその番組を見る必要はありません）。ゲームについても、特定の時間だけ遊ぶようにしましょう。

父親は隣の部屋のテレビの音を聞いて、息子のジュームズが観ていることに気づきます。父親はテレビの隣に置かれたテレビのリストをチェックし、ジェームズが観ている番組に丸がついていないことに気づきます。

父親：それはもともと観ようとしていた番組だったかな？
ジェームズ：そうだったと思うよ。
父親：じゃあリストを見てごらん。
ジェームズ：「丸がついていないことに気づく」でも、退屈で何もすることがないよ。
父親：ジェームズは６時のニコロデオン（子ども向けチャンネル）の番組に丸をつけているね。それまで何ができるかな？
ジェームズ：ブロックで遊ぶのはできるかも。
父親：それは良いアイデアだね！　ブロックを出すのを手伝おうか？

もしジェームズが従わない場合、その後、父親は彼に夕方のテレビの視聴権を失うことを警告します。ジェームズがそれでも応じない場合は、すぐに夕方のテレビ視聴権を失うことになります。

ステップ３：取り引きをする

ステップ２では、余暇時間のうちでテレビやゲームに費やしてもいい時間数の上限を設定する方法を学びました。小学生の子どもには、宿題のように優先順位の高い、より重要なやるべきことがあります。あなたが求めることを先にやらせて、その次に子どもがやりたいことをやるように取り決めましょう。——例えば、

父親：30分間宿題をしなさい、そうしたら10分間休憩としてテレビゲームで遊んでいいよ。

ここでのルールは「先に宿題をしてから遊ぶ」というものです。やらなければいけないことを先に終えた後にのみ、テレビゲームで遊ぶことができます。子どもは重要なものを優先するようになり、ゲームやテレビの時間を減らせるようになるでしょう。このやり方は中毒性のある興味・関心にも効果があります。

母親：ナタリー、お人形さんで遊ぶ前に、30分間遊べる別のおもちゃを見つけないと。
ナタリー：でも私は他のもので遊ぶのは好きじゃないわ。
母親：別のおもちゃで遊んで、お人形さんを休ませてあげて。何で遊ぶ？　ローラーブレード？　お絵描き？
ナタリー：じゃあ、ローラーブレードがいいかな。
母親：それはいいわね。ローラーブレードで30分間遊んだら、その後はお人形さんで遊べるからね。

もしナタリーが人形を30分間手放すことを拒否したら、その晩は人形で遊べないことになると警告されます。このローラーブレードで遊ぶ最低限の時間を守らせるかどうかは、母親次第です。ナタリーは、それ以降30分間は人形で遊ぶことができません。母親は、ナタリーが30分間を超えてローラーブレードで遊んでいた場合、そのことを教えてほしいとナタリーがお願いしてこない限りは、30分間を過ぎたことを教える必要はありません。ナタリーが30分経過する前にローラーブレードをやめた場合は、ローラーブレードを続けるか、何か他のものを見つけるように伝えてください。

ステップ４：遊び相手と共有できない興味・関心をさせたままにしない

もし、あなたの子どものところに友だちが遊びに来る時に、時々、気遣いが欠けるようなことがある場合は、遊び相手が来る直前に子どもと約束をしてみましょう。

父親：マイケルが来たら、一緒に遊ぶ時間だからテレビはなし。マイケルに遊びたいゲームを選ぶのを手伝ってもらおう。

ジェレミー：マイケルがテレビを見たいと言ったら？

父親：もしそう尋ねられたら、友だちが来た時にテレビは見ちゃダメって親に言われてると言えばいいさ。

ナタリーの母親もまた約束をします。

母親：［リアが来る15分前］もしあなたが何で遊ぶかをリアに決めてもらうことにするなら、お人形で遊んでもいいわ。遊ぶものをリアに任せるか、リアが帰るまで人形を片づけるか、どちらかを選んでちょうだい。どうする？

ナタリー：何をするかはリアに任せるわ。

母親：それはいいわね。やってみましょう。リアに選んでもらうようにできないなら、人形を片づけてね。分かった？

ナタリー：分かったわ。

プランA

リアが興味を示さなくなった時にナタリーが人形で遊び続けることを主張した場合、母親は残りの遊びの時間、人形を取り上げます。また、その後も一緒に遊ぶ時は、2～3回ほど人形を持ち込み禁止にします。このようにして、母親は人形よりも友だちの方が大切だということを強調します。ナタリーは、学校や学童保育に人形を持っていくことを許されていません。学校や学童保育で同じように振る舞う可能性が高いからです。

プランB

ナタリーがリアに選択を委ねた場合、この代替案はナタリーの人形遊びに対する依存を絶つきっかけになります。母親は別の女の子が遊びに来るたびに同じ約束をします。

次のステップ

おめでとうございます！　子どもの友だちを減らしてしまう振る舞いを防ぐことができましたね。今度は、遊び相手を必要とする活動を見つけましょう。次の章では、子どもが友だちを誘うことに対して関心を高める方法について学びます。

3　友だちを惹きつける興味・関心を育てる

問題点
・娘には他の女の子と同じような趣味がありません。私はどうすべきでしょうか？
・うちの子が他の子どもと遊びたがっていないようです。何かできることがありますか？
・うちの子はスポーツが苦手です。私はどうすべきでしょうか？

背景：子どもの趣味・関心を拡げる

共通の趣味は友だち関係の土台となります。私には大好きな知り合いが何人かいますが、彼らと一緒にいる時には、どう楽しもうかと考えることはしません。だから、ただの知り合いなのです。読書のような一人で楽しむ趣味は人を博識にしますが、それらは友だちを見つける役には立ちません。この章では、友だちを惹きつける双方向的な興味・関心を育てる方法を紹介します。ボードゲーム、スポーツ、人形遊び、ごっこ遊びのような友だち関係を育む活動的な興味・関心です。友だちのいる子は他の子どもが遊んだり、話したくなる興味・関心を持っています。

遊び場にはおもちゃはないので、8歳のロベルトは、遊び場に行く時、家からスポンジでできたフットボールを持っていきました。他の男の子は誰もおもちゃを持って行こうと思わなかったので、誰の力も借りずものの数分で、ロベルトは遊び相手を2人作ることができました。ロベルトはフットボールが得意ではありませんでしたが、ボールをやりとりする遊びを楽しむだけのスキルは十分ありました。3人の男の子は疲れるまで1時間ほどキャッチボールをして遊びました。

他のいろいろなおもちゃと同じように、ロベルトがおもちゃを持っているだけでは不十分です。ロベルトが使い方を知っていなければ、他の子はロベルトと一緒に遊んでくれないでしょう。スポンジでできたフットボールは簡単に共有できるので、男の子たちが仲良くなることに役立ちました。もしおもちゃがラジコンカーでも、他の子は興味を持ったでしょう。しかし、ラジコンカーでは、仲良く1時間遊ぶ時間ではなく、15分間の順番での揉め事をする時間に変わってしまうことが、お分かりいただけるのではないでしょうか。

ハンナは知り合いの9歳の女の子2人と一緒にダンス教室に通い始めました。そこで、同じ学校に通っている別の女の子と会いました。数カ月経つと、女の子4人で一緒に過ごすようになりました。ハンナたちは、ダンス教室のことについて延々と話したり、一緒に新しいステップの練習をしたり、洋服を交換したりしています。

女児では自分たちのグループに他の子どもを入れるのに時間がかかることが報告されています[1]。ハンナたちも友だちグループを作るのには時間がかかっています。一緒の教室で定期的に会い、共通の活動は共通の関心事につながり、何か話をしたり仲良くなったりするきっかけになります。

あなたは子どもが他の子どもが興味を持つ活動に関心を持てるよう手助けをすることができます。もしすでにやってみていて、子どもが新しい遊びを学ぶことに抵抗を示したら、それを打破することもできます。

問題解決：双方向的なおもちゃ（関わりが生じやすいおもちゃ）で子どもの興味・関心事を増やす

おもちゃには子どもが他の子どもと遊びたくなるようなものもあります。でも、あなたの子どもは、おもちゃで遊び始めるまで、それらがどのくらい面白いか分かりません。

ステップ１：子どもがちょうどよい双方向的なおもちゃを選べるよう手助けしよう

双方向的なおもちゃは誰かと一緒に遊んでこそ楽しいものです。子どもが双方向的なおもちゃを持っているか確認しましょう。

７歳のジェイソンは、これまでに他の子どもの家に行ったこともなければ、家に他の子どもを呼んだこともありません。ジェイソンはたくさんの本を持っていて、絵を描くことが好きで画材も持っていますし、たくさんのビデオテープを持っています。でも、ジェイソンは同い年の子どもの遊び方を知りません。例えば、クラスメイトが休み時間にハンドボールで遊んでいても、ジェイソンは一人で砂場で遊んでいます。

子どもにどんなおもちゃが欲しいのか聞いてみたり、お店に連れて行っても何も欲しがらない場合、おもちゃに興味がないのでは？と思うかもしれません。しかし、子どもはよく分かっていないので選択ができないのかもしれません。ジェイソンの場合、親が興味を持たせることができます。親は屋内と屋外で使う以下のような特徴のあるおもちゃを一つずつ用意するところから始めます。

・遊ぶには２人（屋内用）または２人以上が（屋外用）必要なもの。もしこのようなおもちゃで遊ぶことが好きだとしたら、遊び相手を求めるでしょう。

・攻撃的にならないようなもの。水鉄砲は人を傷つけないように見えますが、びしょ濡れになると傷ついたと感じるかもしれません。弓矢や忍者の武器のような、飛ぶおもちゃは避けましょう。

・あなたやあなたの子どもにとって楽しんで遊べるもの。あなたが子どもにゲームを教えるのを、あなたも楽しんだ方がよいでしょう。

・簡単なルールのもの。友だちと遊ぶ時に、大人の手助けがいらないもの、遊ぶのに根気がいらないもの、教えるのに根気がいらないものがよいです。子どもが遊び方を知らない子に簡単に教えられるものがよいでしょう。

・遊ぶのにそれほど時間がかからないもの。もし子どもが1時間経って興味がなくなるとしたら、45分以内で遊べるものにしましょう。

・安価なもの。遊ばなくなったり、パーツをなくしたり、壊れた時の喪失感が大きくないものがよいでしょう。

ボールや縄跳びは外で遊ぶのには便利なおもちゃです。軽いプラスチックやスポンジボールを使ったがんばこ（four square：主に子どもの間で行われるボールを使ったゲームの一つ）は、簡単に打ったりキャッチしたりできるけれど、打っても遊び場の外から出ることはなかなかないので、とても優れたスポーツです。チャイニーズ・ロープや普通の縄跳び、けんけんぱは、持ち運びに便利です。もっと他のアイデアが欲しい場合には、他の子どもたちが学校や地域の遊び場で遊んでいる様子を（自分の子どもと一緒に）見るとよいでしょう。

ボードゲームは家でできる便利な遊びです。2年生から始め、うちの息子とその友だちはパーチージ

(Parcheesi: アメリカで作られたボードゲーム)、チェッカー（2人で互いの12個の黒と赤のコマを取り合うボード・ゲーム：西洋碁)、アイスブロックゲーム、蛇と梯子ゲームは大人の手助けなしで遊ぶことができるようになりました。息子たちは4年生まで、クルージジュニアゲーム、モノポリージュニアは大人の手助けが必要でしたが、5年生にはモノポリーで遊べるようになりました（しかし、準備時間とゲームを最後までプレイできる時間が十分にあることを確認してください)。ゲームに記載されている対象年齢を目安にしましょう。

夢中になりすぎて一緒に遊んでいる子どものことが気にならなくなるようなゲームは避けましょう。また、トレードを含むゲームは、誰かが不正なトレードによって傷つくかもしれないので、推奨しません。ダンジョンズ&ドラゴンズ、マジックカード、チェス、マスターマインドなど、友だちが好きなゲームを知っていれば別ですが、他の子どもがほとんど知らないような特別な知識が必要なゲームは避けましょう。

ステップ２：子どもと一緒に遊ぼう

子どもたちに遊びに興味を持ってもらうためには、実際に遊んでいる様子を見たり、自分たちで遊んでみたりする必要があります。自分の子どもと一緒に遊ぶことで、子どもがおもちゃに興味を持つようになります。あなたが一緒に楽しめるように、あなたの好きなゲームから始めましょう。これは、童心に戻りたい、もしくは戻ることが必要な父親にとって特に重要なことです。研究によると、男の子と女の子の自己肯定感は父親が日常的に一緒に遊ぶこと、[2] 一緒に楽しんでくれていると高くなることが示されています。[3]

７歳のマリーはボードゲームやスポーツのルールを何にも知りません。他の女の子との遊びは、彼女にとって初めてのルールばかりで、ついていくことが困難です。マリーは他の子の同意を得ずに独自のルールを作るので、周りをイライラさせています。そして、一緒に楽しい時間を過ごす代わりに、誰が正しいかについて口論をするのです。

マリーの父親はいくつかの簡単なルールのある遊びをして、ゲーム中にマリーにはルールを作らせないようにしました。次の2つのいずれかが起こるでしょう。

・マリーは簡単なゲームのルールに従います。マリーはおそらくゲームのルールを知らずに困っていたので、独自のルールを作っていました。マリーの父親はマリーに他のゲームのルールもゆっくりと教えました。
・マリーはルールを作り続けます。マリーは仕切りたいのですが、マリーの父親はルールを作らせません。父親はルールを作る行為を阻止します。

マリー：私は2回できるの。
父親：「静かな落ち着いた口調で」マリーがルールを守らないと遊んでいても、誰も楽しくないよ。
マリー：でも、私は2回やりたいの。
父親：一旦、やめよう。僕はマリーがルールを守ってくれるなら、もっと一緒に遊びたいんだけどな。
マリー：分かった、お父さんの番だよ。
父親：ありがとう。[この後は、少しオーバーに遊びを楽しむ]

子どもがルールを交渉することは許しましょう。交渉とは子どもがやる前に他の人から同意を得ることを意味します。例えば、マリーがまた進むことを主張するのではなく、「もう一回やっていい？」と質問をすることになります。他の子どもは質問に対して「だめ」と言うことができますが、ほとんどの子はそう言いません。ですので、父親が次のように交渉を許します。

マリー：［バスケットボールを投げて外す］準備ができてなかったの。もう一回やっていい？

父親：いいよ。

ゲームを始める前に、ルールに同意をするという方法もあります。

マリー：失敗したらもう一回やってもいい？

父親：じゃあ、こうしよう。マリーは外してももう一回できるけど、お父さんはやらないよ。それでいい？

マリー：うん、いいよ。

ステップ３：子どもが最初に勝てるようにしよう

子どもたちが双方向的なおもちゃを好きじゃない理由の一つは、最初に負けた時にがっかりしてしまったからです。なので、あなたの子どもと何か新しい遊びを始める時は、通常なら負けて落ちこませてしまいそうなところを、わざと負けて子どもに勝つ経験をさせてあげましょう。これを逆チートと呼ぶ人もいます。私はこれを勇気づけ：エンカレッジメントと呼んでいます。さりげなくやれば、子どもは気づきません。この目的は子どもに自信を持ってもらうために勇気づけ、もっと遊びたくなってもらうことです。子どもが自分の能力に自信を持つようになるまで勝ち続けさせてあげましょう。それまでに子どもは遊びに夢中になっているでしょう。でも、その時には子どもはあなたと一緒に遊ぶのには飽きて、同じようなスキルを持った年の近い子のところに行こうとするので、あなたは気持ちが沈むかもしれません。それが大成功です！　心配する必要はありません。子どもは、他の遊びを教えてもらいに戻って来ます。

ステップ4：気が利いた褒め方をしよう

気が利いた褒め方は子どもに自信をつけさせるための最も強力な方法です。学齢期の子どもはとても敏感で、褒め方が上手でないと気分を落ち込ませることになります。5歳から12歳の子どもたちへの気が利いた褒めかたを紹介します。

・アイコンタクト：子どもの目を見ましょう。

・ボディランゲージ：状況が許す限り、子どもに近づきましょう。離れたところからよりも子どもの近くから褒め言葉を呼びかける方が効果的です。ボードゲーム中に、子どもの方へ身を乗り出すことは、怒鳴ることよりも効果的です。

・声のトーン：はっきりと聞こえるようにしましょう。また、5歳から7歳の子どもには非常に温かみのあるトーンで、7歳以上の子どもには少し温かみがあるトーンがよいです。外野からはより大きな声かけをしましょう。高学年の子どもは温かみがありすぎると赤ちゃん扱いされているように感じてしまいます。

・伝える内容：簡潔にしましょう。ですが、あなたが良いと思ったことを正確に伝えましょう。

「僕を先にいかせてくれたことがいいね！」

「いい試みだった！」

「いい動きだね！」

- タイミング：褒めるという行為は特別なものです。気が散らないようにし、できるだけその行為の後すぐに行いましょう。褒めるべき完璧な行為を待たないようにしましょう。完璧の25％程度から始めます。褒めるタイミングとして良いのは、
- ボードゲームで、巧妙だったり、よく考えられた手を打った直後。
- 野球の試合でナイスキャッチをした直後。
- チーム練習や授業の帰り道。
- 落ち込ませるような発言は避けましょう。
- 他人の前で、子どもの失敗や上手くできなかったことの話をしてはいけません。
- 「あなたはスポーツが苦手だから」など子どもにネガティブなレッテルは貼ってはいけません。
- 「あの子はきょうだいより運動神経がいい」など子どもを比較してレッテルを貼ってはいけません。
- ダメにする褒め方をしない（例：「よくできたね！　どうして今までやらなかったの？」、「次はもっと上手くできると確信してるよ！」など）。これらの発言は自信をなくさせるものです。

あなたは気が利いた褒め方をした後で、子どもの成長を目にすることになるでしょう。ただ、ある子どもたちはそうなるだろうけど、そうならない子どももいます。でも、彼らは一般的に次にあなたが遊びに誘った時には進んで一緒に遊んでくれるでしょうし、彼からあなたを遊びに誘ってくれることもあるかもしれません。気が効いた褒め方をたくさんした方がよいのには２つの理由があります。気が利いた褒め方は魅力的ですし、

子どもが自分のパフォーマンスで気分を良くさせることができます。あなたが子どものやったこと（例えば、「ナイスショット」「いい試みだ」）を褒めると、子どもは友だちを同じように褒めるようになるでしょう。友だちは、批判的な友だちよりも褒めてくれる友だちと遊ぶことを好むものです。

次のステップ

この章のステップを行ったら、子どもはいい遊び手となり、自信を高めることができたことになります。また、一緒に遊びを楽しむことの興味・関心を広げることもできました。一度いくつかの楽しめる遊びを獲得すると、一緒に遊んでいる子どもたちがもっと興味を広げてくれるでしょう。次の章では、あなたの子どもと良い友だちになりたいと言ってくれるような子どもと出会うための方法について紹介します。

4　友だちのために地域の学校を活用しよう

問題点

・子どもが自分の好きな子どもに出会えません。何か私にできることはないでしょうか？

・近所に子どもを見かけませんが、何人かいるのを知っています。うちの子どもが彼らに出会えるように手助けするにはどうしたらいいでしょうか？

背景：地域の学校の社会的な利点

近隣に人がたくさんいても子どもたちは目につきにくいものです(通常は屋内や彼らの家の裏庭にいる)。地域の学校では彼らを見つけられます[1]。もしあなたの子どもが地域の学校（自宅から車で10分以内）に通っているなら、以下のような社会的な利点を活用することができます。

・あなたの子どもは学校で、近くに住んでいる子どもに会うことができるので、放課後の遊びの約束のために連絡を取ることができます。あなたが学校でぶらぶらしたり、他の保護者と知り合ったりするのは、子どもが友だちを見つけるための最も上手くいく方法の一つになるでしょう（これが簡単にできない場合は6章を読んでください）。

・子どもたちが遠くに遊びに行く必要はありません。大きくなってくると、交通手段の問題が減るので、自分たちで遊ぶ計画を立てるようになります。

9歳のジェイデンとエンジェルは親友になりました。2人は幼稚園の頃から一緒で、同じ学校に通い、2年間同じクラスでした。2人の両親は学校の敷地内でよく会って話をするので、遊びの約束も簡単にすることができます。この男の子たちは2人とも学校から徒歩圏内に住んでいて、お互いの家も徒歩圏内です。2人は宿題をするためにも連絡を頻繁に取っています。2人の母親は学校のPTAに所属していて、よく学校の募金活動も一緒に行っています。

もしあなたの子どもが近所の学校に通っていて、遊び相手を見つけることに困っていたとしたら、友だちになれそうな子どもを学校で見つけるために大人が上手くいくサポートをすることができます。

問題解決：友だちを見つけるために地域の学校を活用する

先生はあなたの子どものことをよく知っているので、いい遊び相手になってくれそうな子どもを教えてくれることがあります。こういった潜在的な遊び相手は、休み時間や昼食の時のいい友だちになってくれるかもしれません。日常的にやりとりをすることが、深い友だち関係を育むことにつながるでしょう。

ステップ１：先生と連絡を取る

先生（または放課後に面倒を見てくれる指導員やあなたの子どもと関係が良かった前の担任の先生）に数分間だけ個別で話をしてもよいか、または近いうちに会うことができるかを聞いてみましょう。そして、先生に子どもの遊び相手になりそうな子どもを増やしたいと思っていることを伝えましょう。それから、クラスメイトの中で候補を提案してもらえるか尋ねてみましょう。そして、その選択理由について尋ね、その理由が良いものかどうか判断しましょう。

クラスメイトの中の遊び相手を選ぶための好ましい理由

- 子どもの振る舞いが許容できるものであること。
- あなたの子どもと共通の趣味や興味を持っていること。
- 2人の子どもはクラスで一緒に遊んだり、勉強をしたりして、仲良くしているように見えること。先生がこのことを知らなかったとしたら、数週間子どもたちのことを観察してもらえるかどうか聞いてみましょう。
- 対象の子どもの親御さんが、あなたの子どもとの遊びの約束を受け容れてくれる見込みがあること。

クラスメイトの中の遊び相手を選ぶための好ましくない理由

- どちらの子どもも行動コントロールが上手くできない。
- 一人の子どもは助けを求めていて、もう一人の子どもがその子を助けている。例えば、あなたの子どもが算数を教えていたり、振る舞いをコントロールするためのサポートをしている場合。このような関係では、公平な友だち関係を築くことは難しいでしょう。

ステップ2：先生が提案した子どもの親に連絡を取ろう

もし親御さんが普段から子どもの学校の送り迎えをしていたら、6章のステップを使って、必要であれば、他の親とネットワークを作ることができるかもしれません。

親御さん同士がなかなか会えない場合は、子どもと一緒に書いたメモを相手のおうちに届くように渡してもらったり、相手の親御さんにメールしたりするのが効果的な場合もあります。ここではメモのサンプルを紹介します。

JJのご両親へ。

子どもたちは3年の○○先生のクラスです。私の息子はあなたの子どものことをよく話しています。子どもたちは2人とも○○（先生から聞いた共通の趣味）の趣味があります。もしご都合がよろしければ、放課後あるいは週末にでも時々一緒に遊びませんか？　お手隙の際にご連絡ください。

よろしくお願いいたします。

署名をして連絡先の電話番号を残し、相手の子どもがあなたの子どもの名前を知らない場合に備えて、あなたの子どもの写真を封筒に同封しておきましょう。あとは相手の親御さんからの次の行動を待ちましょう。

次のステップ

これで地域の学校を通じて友だちになりそうな子を見つけることができました。利便性はいろいろある強みの一つにしかすぎません。あなたとあなたの子どもは簡単に長く続く友だち関係を維持することができます。もし近所の資源をもっと必要とするなら、５章が役に立つでしょう。しかし、あなたの子どもの学校での評判があまり良くなかったら、第2部を読んでみてください。

5　学外の団体の活動を友だち探しのために利用する

問題点
・学外の団体の活動を通して子どもの友だちを探すことを、どう手助けできるでしょうか？
・子どもの友だちは遠いところに住んでいるため一緒に遊ぶことができません。私に何かできるでしょうか？
・私の娘はお転婆です。彼女が友だちを見つけることをどのように手助けできるでしょうか？

背景：組織的活動と子どもの友だち関係

子どもの友だち作りを手助けするために、親がする提案として最もよくあるものは、学外の団体の活動（一般的にはチームやクラス、スカウト活動）に子どもを参加させることです。子どもが共通の関心を持つ他の子どもを見つけやすいという点で、これはいい提案ですが、しかし、それは、始めの一歩にすぎません。学外の団体の活動は、それ自体では友だち関係を発展させないことが、研究によって示されているのです。[1] しかし、この章にあるステップを踏めば、確実に友だち関係を学外の団体の活動外にまで発展させることができるでしょう。

ジェンダーの問題と友だち関係

「女の子限定」の活動は、男女共通の活動よりも女の子の自尊心を高めることが研究によって示されています。[2] 男女両方の友だちを持つことが望ましいですが、子どもたちは次第に男女で分かれて校庭で遊ぶようになるので、同性の友だち関係を促すことが重要になります。[3] 休み時間に一緒に遊ぶ同性の友だちがいないと、男の子は一人ぼっちになるでしょう。

男の子がよくする遊びに興味がある女の子（お転婆な女の子）は、より難しい社会的経験をするかもしれません。男の子たちは、お転婆な女の子にスポーツの能力があれば、学校の運動場での遊びに加わることを受け入れるでしょう。しかし、お転婆な女の子たちは男の子の遊び相手として格下だと考えられる可能性があり、多くの男の子は女の子を親友と認めない傾向があります。お転婆な女の子にとって、男の子と、特により伝統的な価値観の家の男の子だった場合には、遊びの約束をすることが難しいかもしれません。これは、お転婆な女の子の出自やライフコースに対する誤解のために生じている可能性があります。女の子のお転婆な振る舞いは、何か他の強い影響がなければ、一般的に5歳から始まり13歳になる頃には終わります。[4] 女の子とその両親に対する調査では、小学生と中学生の女の子の約50～63％は自分のことをお転婆だと思っているということが示されました。[5][6] 少なくとも自分自身をお転婆だと思っている女の子がこのように高い頻度でいることを考えると、お転婆な女の子に、男の子と女の子の両方、特にお転婆な女の子と友だち関係を作るよう促すことは価値があることのように見受けられます。女の子がそのような友だちを探し始めるのに良い場所となるのはスポーツ活動の場です。

ミレラはいつも男の子の服を着たがり、あらゆるスポーツが大好きで、そして並外れて運動神経が良いです。彼女が5歳の時、児童グループで女の子の小グループは人形遊びやお絵かきや製作、女の子らしい服装にドレスアップする遊びを強く好んでいたので、彼女は男の子とだけ遊んでいました。幼稚園に入った時、彼女はすぐに男の子の友だちと鬼ごっこをするのを気にかけない女の子の友だちを作りました。彼女のサッカーチームにいた女の子の何人かは、ミレラがチームのゴール得点に大いに貢献できることを彼女たちの両親と目にするまで、初めのうち彼女の服装をからかっていました。

近隣の学外団体の活動を見つけること

ここでいう近隣とは、一般的に自宅から車で10分以内の範囲を指します。あなたの子どもが地域の学校に所属していてもしていなくても、気軽に一緒に遊ぶことができる友だちを見つけるために地域の資源を使うことは重要なことです。あなたはもしかすると友だちになりたい親御さんまで見つけられるかもしれません。

地域での活動には3つのバリエーションが考えられます。習い事（ダンス、バレエ、空手、科学）、グループ活動（スカウト活動、劇団、デイキャンプ）、そしてチームスポーツです。これらは以下のようなメリットを提供してくれます。

- 他の子どもや親に会う機会の提供。
- 頻繁に他人に会う場所の提供。

・会話の話題や共通の関心事の提供。

チームスポーツは子どもに次のさらなる利益をもたらすかもしれません。

・健康に良い運動の促進
・集団での動き方の学習
・潔く負ける方法の学習

一対一の遊びをするための十分な時間がなくなってしまうので、一度に２つ以上の活動に子どもを参加させてはいけません。あなたは地域の資源なんて何も知らないと言うかもしれません。学校帰りや週末に、子どもと一緒に地域のドライブツアーをしてみてください。

・あなたの子どもと同年齢の子どもが遊ぶのに安全で十分に整備された地元の公園を探しましょう。公園の事務所に行って、放課後のプログラム、チームスポーツ、長期休暇のデイキャンプをチェックしてください。そのスポーツの活動シーズンと対応するために、チーム活動の多くは季節性のものになります。申し込みは、一般的にシーズンが始まる1、2カ月前です。
・公立と私立の学校を探してください。地域の学校の校庭では、その学校に所属していない子どもも参加できる放課後の活動プログラムがあるかもしれません。
・地域のスカウト活動の事務所に電話をかけてください。あなたの地域の隊のリーダーに取り次いでくれるでしょう。スカウト活動は、毎年9月に再編成されます。その時に電話をかければ、新しくグループが編成されるところに子どもを加えられるチャンスがあります。年の後半に、空席が見つけられないこともあります。

問題解決：地域の学外の団体の活動への参加

一旦あなたとあなたの子どもにとって良さそうな活動を見つけることができたら、後述するステップに進みましょう。

ステップ1：子どもをその活動に試しに参加させてみよう

あなたが最も優先すべきことは、子どもをその活動に試しに参加させてみることです。子どもが活動について知った上で選択ができるよう、少なくとも2回は行くことを確約させましょう。9歳のマルガリータは、新しい活動に抵抗しているものの、ある程度の身体的能力を備えています。

母親：体操をするのはどう？
マルガリータ：嫌だ。体操は退屈だもん、そこにいる子を誰も知らないだろうし。
母親：体操教室を見たことがあるの？
マルガリータ：ないよ、でもやりたくなると思わないもん。
母親：土曜日に教室があるのよ。少なくとも2回参加してみてほしいな。
マルガリータ：やらなきゃいけないの？

母親：そうよ。２回目に行ってみた後で気に入らなければ、やめたければやめたらいいよ。

もし、あなたが子どもに新しい活動を試させることができなければ、29章を読んでください。

ステップ2：どんな活動でも初めての時は、子どもに次の４つの基本ルールを必ず守らせよう

子どもとって良い第一印象を与えることは重要なことです。下記のエチケットの基本的なルールを守らなければ、子どもは友だちを作ることはできないでしょう。

1. 真面目に活動に取り組むこと。ふざけてはいけません。子どもは静かにして、大人のインストラクターの言うことによく注意を向けなければいけません。おかしな顔をしたり、変な音を立てたり、ひそひそ話をすることはみんなにとって煩わしいです。
2. 大人へ注意を向けるべき時は、友だちを作ろうとしたり他の子どもに話しかけようとしたりしてはいけません。これもまたみんなにとって煩わしいです。
3. 割り当てられたエリアにいましょう。他の人のパフォーマンスを邪魔してはいけません。他の子どもたちにするべきことを言ったり、話し相手を得るためにフィールド全体を走りまわったりすることは、このルールの明らかな違反です。
4. 他の人を批判してはいけません。他の人を褒めるか、黙っているかのどちらかにしましょう。

あなたの子どもがこの４つの基本ルールを守ることができるか、自分に問いかけてください。もし答えが「は

い」なら、ステップ3に進んでください。もし「いいえ」なら、新しい活動を試してみる前に、急いで子どもと一緒にこれら4つのルールを復習してください。

父親：君がリトルリーグ（少年野球）に試しに参加してみると聞いてうれしいよ。きっと楽しいと思うよ。君がどんなに素敵かみんなに見せてきてほしいな。他の子どもたちがどんなに真剣にリトルリーグに取り組んでいて、誰もふざけている子はいないことに気づいてほしいな。コーチは君がどこでプレイするかを教えてくれるだろうけど、君はそこに留まってないといけないよ。

アンドリュー：分かっているよ。

父親：いいね。もしも誰かがコーチの言うことを聞かずに、君のポジションでプレイをするようなら、練習の後で教えてね、いいかい？

アンドリュー：分かった。

父親：もし誰か友だちになりたい子に会えたら、練習の後か、次の練習の前にその子に話しかけてみようね、いいかい？

アンドリュー：分かった。

父親はルール4（批判してはいけない）を残していることに気づいてください。何かハプニングが起こる前に、子どもにこのルールを教えるための上手い方法はありません。子どもがこのルールを破る時を待ち、その時にこのルールを伝えることが効果的でしょう。子どもの言うことに確証がなければ、傍観してください。

プランA

もしこれらのルールを子どもが守ったら、帰り道で子どもを褒めてあげてください（3章の気の利いた褒め方を見てください）。それから、ステップ3に進みましょう。

プランB

もし子どもがこの4つのルールの内一つでも破ったら、ルール違反をした直後に子どもをわきに連れてきて、静かにルールを伝えましょう。子どもとルールを守る約束をしましょう。

父親：［アンドリューが他の男の子と口論を始めるのを見て、すぐに中に入って行って］アンドリュー、少し話がある。こっちに来て。

アンドリュー：［口論を続ける］

父親：［アンドリューと他の子の間に入る］君と話す必要があるんだ。一緒に来るんだ。［アンドリューをわきへ連れ出して］静かにして、外野にいる時はホームプレートを見ていなければならないよ。

アンドリュー：でも、彼が僕の邪魔をしたんだ。

父親：だったら、君は彼に邪魔されないように、彼から十分離れたところに立たなければいけないよ。できるかい？

アンドリュー：分かったよ。

父親：ありがとう。

もしアンドリューが父親の言うことを守ることができれば、練習を続けることができます。父親は練習の後、アンドリューに気の利いた褒め方をして、確実にこの4つの基本ルールを守ることができるまで、アンドリューを指導することを続けます。

プランC

もしあなたの子どもが4つの基本ルールを破り続けるなら、その活動から子どもを撤退させる時です。もしアンドリューが適切な振る舞いができないのであれば、この活動を続けるメリットが彼にはありません。アンドリューの父親は、彼が良いスポーツのルール（8章で述べられています）を学ぶことを手助けする必要があります。その間、アンドリューは次の種類の活動は避けるべきです。

・野球のように多くの待ち時間がある活動。
・数人の子どもの中で最下位を明らかにするような競争的な活動。
・空手のような闘争的な活動。トラブルを持つ子どもにとって、キックや叩くことを練習の間だけに留めておくのは難しいことだからです。

ステップ3：大人の指導者を評価する

次に優先すべきことは、子どもが自信を損なう機会より、自信をつけられたり、満足のいく経験を得られる機会が多くなるよう保証してあげることです。子どもがスポーツや集団活動から有益な経験を得られるかは、大人の指導者にかかっているでしょう。ほとんどのスポーツプログラムや公営公園はボランティアのコーチに頼っています。それらのコーチの中には、スクールの名前を売ろうとして子どもの幸せは二の次にしている人たちもいます。良い指導者と良くない指導者の特徴を挙げます。

良い指導者	良くない指導者
プレイやパフォーマンスの構成要素を、高すぎる期待を持つことなく、子どもたちに教えようとする	ベストを尽くしている子どもを不十分だとし、完璧を要求する
子どものパーソナルベストや挑戦を褒める	上手くできないことに対して子どもを怒鳴る
試合の審判の判定を潔く受け入れる	試合の審判と言い争う
改善のための計画に基づいた練習をさせる	計画がない。指導不足もしくは指導もなしに、十分に考えられていない練習を続けさせる
全ての子どもたちを楽しませようとする	一方の子どもに指示も与えずベンチを温めさせ、お気に入りの子どもにプレイさせる
他者への思いやりや、潔く勝つことや負けることを教える	勝つために荒っぽい行為を教える。勝ちを自慢し、負けに抗議をする

完璧な大人の指導者を見つけることはできないでしょう。ただ、私はほとんどのコーチと先生に高い評価を与えており、1年生から3年生に関わって働いているコーチの中で良くないコーチを見たことは滅多にありません。対照的に、10歳以上の子どもに関わって働いているコーチの多くは、程度の差はあっても、勝つことに焦点を置き、スポーツマンシップを見過ごしています。私は彼らが勝つことに焦点を置いていることについて

こう理解しています。年配の子どもたちはチームを他の人から頼りにされている仕事として認識し始めます。彼らは、上手くプレイができない子どもたちと一緒のチームでプレイする時、やる気を失くします。しかし、これは、スポーツマンシップに欠けると言い切れません。

審判は、親やコーチがいつ線引きをすべきか判断することを手助けしてくれます。彼らは、言語的、身体的に他者に対して態度の悪い大人を追い出す必要があります（私の経験上、コーチよりも親の場合が多いです）。もしあなたの子どもが、良くない指導者の特徴を多く持つコーチのチームに所属しているなら、あなたには次の2つの選択肢があります。

1．他のチームに変える。これは大変なことかもしれませんが、いつでもやってみる価値があります。

2．子どもをチームから引きあげる。あなたはきっと自分の貴重な時間を、あなたや子どもをいらだたせる活動に費やしたくはないはずです。この方法で、がっかりする経験を避けることができます。

ステップ4：注意してあなた自身が活動に関わる

次に、子どもが他の子どもたちと知り合いになっていく間に、他の親たちと知り合いになりましょう。他の親たちがいるところへ出かけ、彼らと交流しましょう（これがあなたにとって簡単でなければ、6章を参照してください）。他の親たちが活動を見るのと同じようにして、加わりましょう。もし数人の親が助けてくれそうなら、助けをお願いすることは彼らと知り合う機会となるでしょう。しかし、もしあなたの子どもが社会性の問題を抱えていたら、次に挙げるような欠点を持つ親コーチにはならないようにしましょう。

・他の親たちと同じように競争に力が入りすぎて子どもの社会的成長を促進するために活動を行なうことができなくなるかもしれません。
・コーチは自分の子どもに対して、チーム内では他の子どもよりもネガティブになるかもしれません。
・チームの他の子ども（もしくは彼らの親）はあなたの子どもが特別扱いを受けていると思い、そのことに腹を立てるかもしれません。
・コーチの子どもは、他の子どもよりも無作法な振る舞いをするかもしれません。

ステップ5：あなたの子どもが気に入った子と遊びの約束をしよう

これは、あなたの働きかけに、より長期的な社会的な利点を与えるステップです。あなたは他の親たちに会い、子どもは他の子どもたちに会い、良い第一印象を与えました。さて、あなたは子どもたちを一緒に遊ばせるための段取りを組むことができます。このプロセスを、子どもに誰か一緒に遊びたい子はいるかどうかをプライベートな場で聞くことから始めましょう。

父親：リトルリーグチームの中で2、3時間の遊びに誘いたい子はいるかい？
アンドリュー：分からない。
父親：トミーはどうだい？　彼とは仲が良さそうに見えたし、お父さんから彼のお父さんに聞いてみることができるよ。
アンドリュー：いいよ。

練習の前後の短い遊びから始めましょう。どのようにするかは、10章と12章を参照してください。

活動に参加するためのこれらのステップをまとめておきました。

＊　＊　＊

地域の学外団体の活動への参加のためのチェックリスト

ステップ1：確実に初めに2回訪問しよう。それから子どもに続けたいかどうかを選ばせよう。

ステップ2：どんな活動でも初めての時は、子どもに確実に4つの基本ルールを守らせよう。これは子どもが良い第一印象を与えるために重要です。もしこれらのエチケットの基本ルールに従わなかったら、あなたの子どもは友だちを作ることができないでしょう。

1．真面目に活動に取り組むこと。ふざけてはいけません。子どもは静かにして、大人のインストラクターの言うことによく注意を向けなければいけません。おかしな顔をしたり、変な音を立てたり、ひそひそ話をすることはみんなにとって煩わしいです。

2．大人へ注意を向けるべき時は、友だちを作ろうとしたり他の子どもに話しかけようとしたりしてはいけません。これもまたみんなにとって煩わしいです。

3．割り当てられたエリアにいましょう。他の人のパフォーマンスを邪魔してはいけません。他の子どもたちにするべきことを言ったり、話し相手を得るためにフィールド全体を走りまわったりすることは、このルールの明らかな違反です。

4. 他の人を批判してはいけません。他の人を褒めるか、黙っているかのどちらかにしましょう。

プランA：もしあなたの子どもがこれらのルールを守ることができたら、帰り道で子どもを褒めましょう（3章の気の利いた褒め方を見てください）。ステップ3に進みましょう。

プランB：もしあなたの子どもがこの基本ルールを破ったら、わきに連れてきて静かにルールを伝えましょう。ルールを守るという約束をしましょう。もし彼が守ることができたら、気の利いた褒め方を使いましょう。

プランC：もしあなたの子どもが4つの基本ルールを破り続けたら、活動から身を引かせ、良いスポーツのルールを教えましょう（8章）。

ステップ3：大人の指導者を評価しよう。もし良くない指導者なら、他のチームに変えさせるか、活動を続けるのをやめましょう。そうでない場合はステップ4に進みましょう。

ステップ4：あなた自身が注意して活動に関わり、他の親たちと知り合いになり、そして親コーチにはならないようにしよう。

ステップ5：あなたの子どもが気に入った子どもとの遊びの約束をしよう。（これをするためには6章を見て

ください）

次のステップ

あなたと子どもは学外の団体の活動の一番のメリットを手に入れました。友だちを見つけるために利用する活動で才能を発揮する必要はありません。子どもは活動について、ただ楽しむこと、一緒に遊ぶために同じような技術レベルを持つ子どもを選ぶことだけ知っていれば十分です。あなたはその活動を子どもが友だちを見つけ、あなた自身が他の親たちとのネットワークを作るために使いました。もしネットワークを作る能力を向上するための提案が必要なら、次の章を読んでください。多くの子どもはここから多くのものを得ることができますが、何人かの子どもは彼ら自身で友だちを作る方法を学ぶ必要があるでしょう。7章では、子どものこのスキルをどうやって手助けをするかを見ていきます。

6　あなたのネットワーク作りのスキルを向上させる

問題点

・私は初対面の人となかなか話すことができません。保護者同士でネットワークを作り、子どもが友だちを見つけやすいようにするにはどうしたらいいでしょうか？

背景：新しいコミュニティに参加する

親になることは、あなたの社会的ネットワークを自然と変化させるでしょう。あなたは子どもの話をしたり、子育てをもっと簡単に、楽しくする方法を他の人から学んだりすることに関心を持つようになります。私自身、最初にネットワークを作り始めた時は、どれだけ気まずい思いをしたかを覚えています。しかし、他のスキルと同じように、練習を重ねることで慣れていき、その過程で良い友人ができました。

あなたと子どもへのソーシャルサポート

サンディは親切な42歳の独身女性で、２年前に７歳のバーバラを養子にしました。２人はお互いに馴染むまでに波風が立った時期もありましたが、今はとても仲良く過ごしています。サンディは社交的な教会に所属しており、信徒の中の多くの独身の成人や子どものいないカップルと友だち関係にあります。しかし、彼女は7歳の女の子の親御さんを他に知りません。彼女はガールスカウトの少年団の集会に娘を連れて行きましたが、他の親たちと話す時間はありませんでした。バーバラはお行儀が良く、学校でも他の子どもたちから好かれていますが、親しい友だちがいないので、孤立しがちです。

バーバラはサンディの人生に多くの重大な変化を与えましたが、サンディの持っているソーシャルサポートはバーバラのニーズを満たしていませんでした。私は彼女に、バーバラのクラスメイトの親たちに会うことを勧めました。サンディは彼女たちの親たちと会うようになるにつれて、子どもたちを遊ばせる約束を整えられるようになり、また、バーバラは親しい友だちを作れるようになりました。

ソーシャルサポートには2つの側面があります。

情緒的サポート：あなたの抱える悩みや他の親たちの悩みについて、大人同士で話すことがあります。人生の意思決定や家族について、あなたが相手に、あるいは相手があなたに相談をします。

援助的サポート：車に相乗りしたり、交代で子守りをしている親たちがその一例です。

あなたが自身の援助的サポートについて考えてみると、特に近所や職場において、よく手助けしてくれる人はよりアクセスしやすい人であることに気づくでしょう。

「一人の子を育てるには一つの村が要る」というアフリカのことわざがありますが、多くの親たちは、子どもが豊かな人生経験を積むために近所の人々の助力や地域資源が欠かせないことを知っています。親は子どもを持つと、新しい親たちのコミュニティに参加します。中には他の親よりも参加することに抵抗が少ないと感じる親がいます。ここでは、コミュニティへの参加に成功している親たちが使っているテクニックをいくつか紹介します。

ネットワークを作る時間と場所

4章と5章のアドバイスに従えば、あなたは、子どもの遊び相手になってくれそうな子の名前を挙げられるでしょう。ネットワークを作るのには適した時間と場所があります。時々、親たちがお互いにネットワークを作るために、その場に居残っているのを見かけることがあります。私は、そこで居残る人のほとんどが母親であることに気づきました。小学１年生の母親はいつまでも居残っていますが、小学4年生くらいになると居残る母親は数人しかいません。あなたが仕事をしていない場合は、他の保護者のほとんどがいる時間帯に、授業や地域の学外団体の活動の前と後の両方の活動を試してみてください。もしあなたが仕事をしている場合は、学校の「夜の活動」に参加してみるとよいでしょう。子どもの遊びの約束をお願いした時に、あなたのことを知っておいてもらえるように、数分間の時間を同じように残っている他の親御さんと挨拶を交わしたり、知り合える時間にしてみましょう。ここでは、談話できる時間と場所のリストを紹介します。

- 学校や習い事への送迎時に、開始前後の子どもを待つ時間を活用する。もし、子どもがバス通学の場合、バス停はうってつけの場所になります。
- 学校やその他の活動の保護者会。
- 募金や野外活動などのボランティア活動の間。

・宗教的な行事や活動をしている時。
・スポーツの試合や練習を見ている時。
・近隣の公園。

問題の解決：より効果的なネットワーク作りのステップ

ステップ1：どの親に会ってみたいかを見定める

活動の終わりに子どもを迎えに行く時は、子どもと一緒にいる子や、一緒に外に出ていく子を見つけましょう。子どもには、どの子と遊びたいかを（うちで）聞いてみます。その子たちの親御さんは、あなたが会うべき人といえるでしょう。

ステップ2：自己紹介する

初めて他の子の母親に会う時は、簡単な自己紹介をするとよいでしょう。相手方の母親に、子どもがあなたの子どもと遊ぶことに関心があるかどうかを尋ねる機会になります。例えば「こんにちは、私はジョーン、トミーのママです。息子が学校であなたの子と遊ぶのが好きだといつも言っているので、ご挨拶したいと思いました」などと話しかけます。

これは相手の親御さんがどのくらい興味を示すかについて探りを入れるためのやり取りです。相手がその自己紹介にどれだけ熱心に応じてくれたかを考えてみてください。もし相手が興味を示さなかった場合、深追いしてはいけません。相手の母親は、少し考えてから返答したり、あなたの子どもに興味があるかどうかを自分の子どもに尋ねたりすることもあります。

多くの母親は、あなたと同じ理由でネットワークを作りたいと考えていることを忘れないでください。思ったより簡単に気の合う母親が見つかった時、このことがあなたが考えているより難しくないことだと分かるはずです。

ステップ３：会話を続ける

自己紹介をして、相手の母親が受け入れてくれそうであれば、すぐに相手をよく知ろうとすることが大切です。子ども同士が交流している間やお迎えの時間におしゃべりをしてみましょう。他の母親と話すのが苦手なあなたには、次の２つのやり方があります。

プランＡ

あなたがもっと仲良くなりたいと思っている母親が、他の1～2人の母親たちと話しています。7章の最初の部分に書かれてる、グループに加わる時のエチケットを読んでみてください。これらのエチケットは、母親たちのおしゃべりに加わる際にも使えるでしょう。

プランＢ

もっと仲良くなりたいと思っている母親が一人でいます。その場で慌てなくても済むように、相手と話すことをいくつか考えておきましょう。はい・いいえ、でしか答えられない質問は避け、自由に答えられる質問をすることで会話を続けましょう。ここでは、話し始める時に何を言ったらよいかをいくつか紹介します。

・相手の子どもを褒めつつ、会話が続くように質問する。例：「あの子は泳ぎが本当に上手ね。どこかで習ったの？」「オリビアのドレス、とっても可愛い。どこで手に入れたの？」
・子ども同士が知っている話題に関連させる。例：「新しい学習支援の先生、どう思う？」「土曜日のソフトボールの試合、観に行く？」
・相手を知るための簡単な質問をする。例：「サムは他にも何かスポーツをしているの？」「きょうだいはいる？」「シドニーはどこの小学校に行くの？」「この辺に住んでるの？」

ステップ4：相手の母親の反応を評価する

あなたと気の合う母親が見つかれば、お互いの会話はスムーズに進み、共に温かみを感じることができます。あなたの質問に快く答えてくれたり、相手から質問をしてくれたりするでしょう。相手の母親が受け入れてくれないようであれば、少し間を置いて「会えて良かったです」と言って立ち去りましょう。

ステップ5：相手の母親をよく観察しながら会話を続ける

あなたは、子どもたちがダンスや空手の教室に行っている間に、おしゃべりをするためにコーヒーを飲みに行こうと誘ってみることがあるかもしれません。忘れないでほしいのは、あなたの目標は友だちを作ることではなく、相手の母親と心地良くやっていけるかを見極めることだということです。その母親は、責任感があるように見えますか？　悪いクセがなさそうですか？　立ち入ったことをすぐに話題にせず、あなたの居心地が良くなるように気遣ってくれていますか？　これらの質問に「はい」と答えられるようであれば、次のステップに進みます。そうでなければ、一緒に話せて嬉しかったと伝えて、いつでもその場を去ればよいのです。

ステップ６：一緒に遊ばせることを提案する

ここでは２つの例を示します。

・「いつか子どもたちを一緒に遊ばせるのも良いと思うんだけど、どう思う？」
・「いつかサラをウチに呼んで、レベッカと遊んでくれたら嬉しいんだけど、そういうのどうですか？」

ステップ７：日時を決めて招待する

一緒に遊ばせることを提案したら、相手の母親が具体的にいつなら良いか教えてくれるのを待ちましょう。

プランＡ
相手の母親は、すぐに返事をしてきます。「木曜日はどうかな？」と具体的に提案し、お互いの都合の良い日時と場所を決めます。相手の母親の電話番号を教えてもらい、遊ぶ約束を確定するために電話をかけます。（遊ぶ約束をするためのヒントは、12章にあります）

プランＢ
相手の母親は、はっきりとした返事をしてきませんでした。多くの母親たちは、相手の気持ちを傷つけたくない、遊ぶ約束をした方がよいかどうかを決めかねているなどの理由で、「ノー」とは言わないでしょう。その代わりに「そうだね、そのうち一緒に遊びたいね」などと言われて曖昧なままになるでしょう。後々上手くいくかもしれないので、この返事を受け容れましょう。ただし、この段階では、その話が進むかどうかは相手の母親次第となります。

次のステップ

ネットワーク作りを始めるのが、いかに簡単か分かりましたね。なぜなら、あなたはそのステップを知っており、多くの母親たちもあなたと同じ目標を持っていることが分かったからです。次のステップでは、遊ぶ約束を調整します（12章）。ただし、子どもが運動をすることが苦手な場合は8章を参照してください。もし、子どもが招く側として困難を抱えている場合は13章を参照してください。

第2部　友だちを作る

良い友だちとは、あなたの子どもの気持ちを思いやれる人であり、子どもが信頼できる人のことです。良い友だちを作るためには、子どもは〝良い友だちである〟ということについて学ばなくてはなりません。あなたは、どうすればこのことについて学ぶことができるのかを子どもに教え、サポートすることができます。

7　他の子どもの遊びに参加すること

問題

・私の子どもは他の子どもと知り合うことを嫌がります。どのように手助けしたらいいでしょうか？

・私の子どもは他の子どもと知り合うことはできるけれど、すぐに仲間外れにされています。どうやったら手助けしてあげられるでしょうか？

背景：第一印象を良くすること

子どもが新しい子どもと知り合う時に、自己紹介や握手をすることはほとんどありません。子どもたちは他の子どもたちと遊ぶことで、知り合いになります[1]。子どもたちの中には、知らない子とどのように遊べばよいか分からず、遊びに入らない子どももいます。また、遊びに入っても、すぐに仲間外れにされてしまう子どももいます。この章では、子どもが新しい友だちに出会う時に大人が手助けする方法や、第一印象を良くする方法――子どもが学べる最も重要な社会的スキル――について述べます。

他児の遊びに参加するエチケット（礼儀）のルール

今度、あなたがパーティーに参加することがあれば、次のことをしてみてください。仲良くなりたいと思う会話をしている２人の近くに立つ。彼らを見つめ、話しかけないでいましょう。彼らの会話を聴きましょう。もしその２人が面白いことを話していたら、そのままそこにいましょう。会話が面白くなければ、移動しましょう。ただ、移動する時は、相手の気持ちを傷つけないように注意してくださいね。

あなたがとどまるのであれば、会話している彼らがあなたの方を見るかに注目してください。もし彼らがあなたを見れば、彼らはあなたを会話に招待したということです（「開かれた場」）。もし彼らがあなたの方を見ないのであれば、おそらく彼らは自分たちだけになりたいと思っているでしょう。あなたがその場を離れる時には、相手の気持ちを傷つけないように注意しましょう。他の人の気持ちを損なわないことがエチケットです。

ある研究によると、遊んでいる他の子どもに近づく際、子どもは３つのアプローチを用います[2]。５つのエチケットルールを守り、簡単に他の子どもとの遊びに入る子どももいますが、これらのルールを守れない子どももいます。ルールを守れない子どもは遊びに入ることはできるかもしれませんが、入ってもすぐに仲間外れにされてしまいます。さらに、これらのエチケットルールを知らずに遊びに入ろうとしない子どももいます。このような子どもは、結局一人で遊ぶことになります。表７‐１には、子どもが遊びに入る方法が示されています。

私が行ったインタビューの中で、他の子どもから人気がある７歳の女の子が、何のヒントもなしに５つのルール全てを言えたので、私（と彼女の隣に座っていた母親）は驚きました。女の子と母親へのインタビューの中で、女の子が他の女の子たちと遊ぶためには、さらに２つの守るべきルールがあると分かりました。

表 7-1　子どもが他児の遊びに参加するための方法

	5つのエチケットのルールに従っている場合	エチケットのルールを知らず、仲間に加われない場合	エチケットのルールを破る場合
1	自分が興味を持っていることを示すために、他児の遊びを注意深く見る。そのゲームのルールと、どのチームが勝っているかということを理解する。遊んでいる子たちのスキルレベルが自分と同じくらいかどうかを確認する。	一人でいる。他児を注意深く見ることがないか、遠すぎる場所から見ている。	ゲームの内容を知らずに遊び始めたり、ゲームを中断させようとしたり、何をして遊んでいるのかを他児に尋ねていらだたせたりする。
2	見ている時は静かにしているか、子どもの動きについての褒め言葉を言う。例：「ナイスシュート！」「ナイスプレイ！」	注意深く見ていない。	遊んでいる子どもたちを批判する。「お前は最低なやつだ！ゲームのやり方を知っているのか？」
3	ゲームが一旦止まるのを待ってから、遊びに加わってもいいか声をかける。	声をかけるタイミングを待ちすぎてしまう。遊びに加わりたいと声をかけることができない。	余計な口出しをして遊び始める。
4	男の子の場合：助けが必要そうなチーム（負けているチームや人数の少ないチーム）に声をかける。 女の子の場合：縄やボールのような遊び道具の持ち主に声をかける。	声をかけることができない。	男の子の場合：勝っているチームがどちらかを理解した上で、勝っているチームに参加しようとする。 女の子の場合：他の子の遊びに自分を入れさせようとする。「入れてくれないなら先生に言いつけるよ！」
5	もし遊びへの参加を断られても、それ以上は言葉を求めない。		参加できなかったら文句を言う。

1. 自分が入りたい遊び（ゲーム）をしている女の子が知り合いの場合は、最初にその子を見る。もしその子がこちらを見返してきたら、その子に遊びに入ってよいかを尋ねる。
2. その子がこちらを見なければ、その子はあなたに遊びに入ってほしくないと伝えている。

いつ、どこで

親たちの多くは、自分の子どもが他の子どもといつでも、どこでも知り合いになろうとすることは良いことだと思っています。実際に、特定の時間、特定の場所では、友だちを作るように子どもを励ます方がよいでしょう。ある研究では、先生やコーチが話している時、あるいは他の子どもが教室で課題に取り組もうとする時に友だちを作ろうとする子どもは、友だちができないことが報告されています[3]。（遊び相手になるかもしれない子どもは、このようなアプローチの仕方を嫌がります。トラブルに巻き込まれたくないからという理由だけでなく、自分が行っている活動を誰かに邪魔されるとイライラするからです。友だちを作るのに最適な時間・場所は子どもたちの待ち時間や空き時間です。例えば、学校が始まる前後、運動場での部活動の練習の前後、あるいは昼食の時間です。

次の節で説明するステップは、小学1年生以上の男女に効果的です（小学1年生未満の子どもだと、自分たちでゲームを計画しません）。男の子は遊んでいる他の男の子たちと遊びたがり、女の子であれば相手が女の子であっても男の子であっても遊びに入れます。次節で説明する全てのステップを行える子どもは、どんな状況でも他の子が遊んでいるところに上手く入るスキルをもっています。

問題の解決：子どもたちの遊びに参加すること

表7-1左欄にある5つのエチケットルールと、子どもがそのルールをどのように破るかということをよく理解しましょう。そして、他の子どもとの出会い方や第一印象を良いものにするための方法を、子どもに教えましょう。幼い子どもがこれらのルールを上手く使うためには、複数回の練習が必要です。当然のことですが、子どもは間違えることも、上手くできることもあります。子どもは練習するごとに上達していきます。ここでのあなたの役割は、子どものためにあなた自身が行うことではなく、子どもに教える、子どもをサポートすることだということを忘れないでください。

ステップ1：近所で、適切な公共の場を探す

あなたの子どもよりも幼い子ども、あるいは同じ年齢の子どもが遊んでいる場所を近所で見つけます。子どもが集まり、自由に遊べるような近所の公園や校庭が最も良いです。あなたが、遊んでいる子どもと過ごしていて心地良く感じる、安全な場所を見つけましょう。ステップ2に進む一日前には、これらのことをやってください。

ステップ2：遊んでいる他の子どもに加わるステップを子どもに教える

幼い子どもは遊びながら、他の子どもの仲間に加わります。11歳よりも年上の子どもは、会話をしながら他の子どもに加わります。ここで、父親が11歳の息子セス（不機嫌になりやすい子）に対して、他の子どもの仲間に加わるステップをどう説明したのかをみていきましょう。

父親：ちょっと、聞いて。他の子どもがしている遊びやおしゃべりに入りたい時のルールを覚えてほしいんだ。
セス：じゃあ、もし他の子が銃について話していたら、どうするの？
父親：まず、彼らが話していることをよく聴くんだ。セスが、その子たちの話に興味があることが伝わるように、よく聴いて。
セス：彼らのポケットに銃が入っていたら？「それは38口径？　45口径？」って聞いてもいい？
父親：まずは待とう。その子たちの話を聴くんだ。その子たちの話が面白いかを確認しようね。
セス：あの子たちは、僕にどっかいけって言うと思う。
父親：彼らの目を見てごらん。もしその子たちが話している時にセスを見れば、彼らはセスが参加してもいいよと言っているよ。
セス：この前、それをやったよ。僕は、話が終わるまで待っていたよ。あの子たちの一人は、僕の方を見たよ。でも、僕は、こっちを見ていなかった他の子に話しかけたんだ。
父親：相手の目をよく見るんだよ。目を見れば、他の子が君に興味があるかが分かるよ。それが分かるまでに、僕は時間がかかったよ。その次は、会話が少し止まるのを待つんだ。
セス：その子たちがとても速く話していて、息もつかないくらいだったらどうするの？
父親：その時は、何も言わない方がいい。セスが話しかけられるチャンスを待って、チャンスが来たら、その子たちに言葉をかけて会話を始めよう。

セス（11歳）よりも年齢が低い子どもの場合には、これらのルールを覚えられるように、もっと簡単にすることが必要です。

1．ルールを知るために遊び（ゲーム）を観察する。
2．遊びが一時的に止まるのを待つ。
3．仲間に入ってもいいか尋ねる。
4．もしダメと言われたら、遊んでいる別の子どもを探す。

次に、母親が7歳のレイチェルに遊びに入る方法を教えている場面を見ていきましょう。

母親：遊んでいる子たちを見てみよう。その子たちと一緒に遊びたいだろうから、遊びに入れてもらう時のルールを教えるね。3人の女の子がボールで遊んでいるとしよう。まず、やるべきことは見ること。何を見たらいいと思う？
レイチェル：分からないわ。
母親：その子たちが何をして遊んでいるかを見て、レイチェルがその子たちやその子たちがしている遊びが好きかを考えて。次にやるべきことは、待つこと。何を待ったらいいと思う？
レイチェル：その遊び（ゲーム）が終わること？
母親：そう！　そのゲームが終わるか、休憩に入るのを待つのよ。そうしたら、レイチェルはその子たちになんて言うの？

レイチェル：「私も遊んでいい？」って。
母親：その通り。片方が、もう片方よりもゲームで勝っているとしよう。負けているチームはレイチェルに助けてほしいと思っているかもしれないから、負けているチームに声をかけよう。覚えておいてね。よく見て、待って、そして声をかける。分かった？
レイチェル：分かった！

ステップ3：子どもと一緒に、遊んでいる子どもたちのグループを注意深く見る
新聞か雑誌を持っていきましょう。遊んでいる子どもの中から一つのグループをあなたの子どもに選ばせます。同じ年齢か、もしくは少し年下で、遊びのスキルが同じか少し低い程度の子どもを選ぶように促しましょう。

・遊んでいるゲームにおいて、あなたの子どもと同じくらいのスキルの子どもを選ぶ。
・あなたの子どもが平等に扱われないので、年上の子どもは選ばないようにする。
・教えの妨げになるので、あなたの子どもがすでに知っている子どもは選ばない。
・子どもが遊びに加わろうとする時は、決して批判しない。

まず、あなたの子どもと一緒に、2～3メートルくらい離れた場所から遊び（ゲーム）を見ることから始めます（走り回る遊びであるほど、遠くから観察します）。離れたところから遊びを見ることで、いろいろな情報が得られ、あなたの子どもが仲間に入りたいと遊んでいる子どもたちに伝えることができます。時々ですが、

遊びを見ている子どもがその遊びに誘われることがあります。

このステップでは、子どもの傍に立つなどして、あなたの子どもが遊び（ゲーム）のルールを理解しているかを確認しましょう。あなたの子どもが遊びに誘われなくても落ち込まないように。大切なことは、他の子どもの遊びを邪魔しないように、あなたの子どもが正しいステップを学ぶことです。

楽しく遊んでいる子どもは、何をしているのかを聞かれるとよくイライラします。遊びに参加していても、その遊びで何が起こっているかが分からない子どもにもイライラします。そのため、子どもたちがどんな遊びをしているのか、どんなルールがあるのか、チーム戦であればどちらが勝っているか（女の子であれば、子どもたちが遊んでいるおもちゃを誰が持ってきたのか）、その他、見ている遊びについての大切なことを子どもに小声で言ってもらいましょう。

ここで、お父さんが息子（リー）にどのように教えているかを見ていきましょう。

父親：［遠くで遊んでいる5人の子どもを指しながら］どの子が一緒に遊んでくれそう？

リー：分からないよ。

父親：ここで、あの子たちが何をしているのか見てみよう。まずは、あの子たちを見て。何をして遊んでいるか、そしてどんなルールなのかをお父さんに教えて。［お父さんとリーは5分間遊びを見ていて、リーはそれがどんなゲームで、誰がどのチームにいるか、どちらのチームが勝っているかを正しく答えました。］

父親：素晴らしい！　遊びでどんなことが起こっているか、きちんと分かっているね。じゃあ、リーはどっちのチームに入ったらいい？

リー：２人しかいないチームの方だよ。もう一つのチームは３人いる。
父親：その通り！

これは大切な質問と答えのやり取りです。子どもは、勝っているチームではなくて、助けを必要としているチームに入ることが大切です。（ゲームをしている子たちと、あなたの子どもが同じ遊びのスキルを持つ場合、）チームに一人増えることでゲームが接戦となり、どの子もゲームに熱中できるので、遊んでいる子どもたちはゲームへの参加を喜んで受け入れるでしょう。

ステップ４：子どもが集団に参加する方法を考えることを手助けする

これから、父親はリーに２つのことに注目させ、リーがゲームに入れてもらう方法を考える手助けをします。２つのこととは、ゲームに加わってよいかを聞くタイミングと、聞く時の言葉です。ゲームが一旦止まった時や１回戦が終わった時が、ゲームに入ってもよいかを尋ねる理想的なタイミングです。そのタイミングであればゲームの流れを妨げないし、遊んでいる子どもたちにリーが遊んでいるゲームに対しての配慮と知識があることを示せるためです。

父親：どっちのチームに、入れてもらえるか聞こう？
リー：２人しかいない方のチームに聞く。
父親：そうだね。何て言う？
リー：「君たちのチームに、もう一人必要じゃない？」って。

父親：いいね。どのタイミングで聞くのがいいかな？
リー：誰かがゴールを決めたあと。
父親：それは、上手くいきそうだね！

女の子の場合は、次のことを付け足します。

母親：誰のボールで遊んでる？
ローラ：［指しながら］あの女の子のだよ！
母親：そうだね。もしあの子たちと遊びたいなら、誰に声をかけたらいい？
ローラ：ボールの持ち主の子に聞く。
母親：その通り！

ステップ5：子どもがゲームに入れてもらえない理由を一緒に考える

ゲームに入れてもらえないことは、人生には付き物です。表7-2に、子どもが遊び（ゲーム）に入ることを断られるよくある原因と、その原因への対処を示します。友人関係の問題がない子どもでも、よく遊びに入ることを断られます。しかし、彼らはそんなことを気にしません（遊べないということを意味する場合でも、相手の気持ちへの配慮を友だちに示してもいます）[4]。子どもが遊びに入ろうと思う時の半分くらいは、断られると思っておくべきです。断られることはひどい出来事であるどころか、子どもが別の子どもたちを見つける機会にもなります。あなたの子どもが遊んでいる子どもの中に入ろうとする前に、断られた後に別の子どもを見つける準備をしましょう。そのために、あらかじめ「別の子ども」について話しておくのがよいでしょう。

父親：なんで、あの子たちは別の男の子と遊びたくないいんだと思う？
リー：分からないよ。
父親：その男の子が、前に意地悪をしていたとしたら？
リー：そうだったら、その子たちはその男の子を好きではないだろうし、一緒に遊ばないようにするだろうな。
父親：そうだね。他には、どんな理由がありそう？
リー：たぶん、単にその男の子のことが好きじゃなかったんだと思う。
父親：あとは、その男の子が自分たちよりもずっと上手にプレーできると知っていたのかもしれないよね。

表 7-2　断られること

断られる理由	断られた時にどうすべきか
以前、相手に何かしてしまった（その子たちを避けたり、トラブルになって教師が介入する事態になった）。	自分がされて嫌なことは相手にもしない。他のグループを選んで遊びに加わる。
間違った方法で遊びに入ろうとした。	次の時には、最初によく遊びを見て、他の子どもを褒める。活動が一旦止まってから入れてもらうように声をかける。
相手の人気が高かったり、活発だったりしてあなたと同じことに興味が持てない。	あなた自身のスキルや興味と近い子どもを選ぶ。
相手は新しい友だちをほしがっていない。	他の子どもを選ぶ。
あなたの希望を相手が誤解している。	違う言い方をする。例：片方のチームには２人しかいないことを指摘する。
その時、相手はあなたと遊ぶ気にならなかった。	あとでもう一度声をかける。

リー：そうだね。
父親：もしかしたら、その子たちは知らない子を入れたくなかったのかもしれないね。
リー：うん。
父親：リーがある男の子と遊びたい時に、その子たちがリーと遊びたくなかったら、リーはどうしたらいいかな？
リー：分からないよ。
父親：じゃあ、どっちがいいかな？　別の子どもたちを見つけて遊ぶか、それとも、あとでもう一度遊びに入れてもらうように頼むか。［どちらも良い方法です］
リー：別の子を探すよ。
父親：良い方法だね。僕たちが見ている中で、他に声をかけられそうな子はどの子かな？
リー：［指を指しながら］あそこのハンドボールをしている子たち。
父親：いいね！

父親はリーが自分で問題解決ができるように促していました。一方で、リーが自分で解決法を見つけられない時に、父親はリーに2つの案を提示しました。案を示すことで、リーはその後も問題解決のプロセスを続けることができます。同時に、特定の子どもと遊ぶ以外にも、常に別の選択肢があるということを、リーに理解してもらうことができます。

ステップ６：他の子どもの行動を褒めるように、子どもに教える

その遊びに興味があると他の子どもに上手く知らせる方法を、あなたの子どもに教えます。一つの効果的な方法は、他の子どもを褒めることです。自分のことを褒める子どもは、人をよく褒めます。もしあなたが上手い褒め方をしていて（３章参照）、一生懸命に頑張っているあなたの子どもを褒めていれば、あなたの子どもも人をよく褒めているでしょう。褒めることは周囲の人に拡がっていきます。他の子どもがゲームをして遊んでいる時にかける褒め言葉の例には、「ナイスプレイ！」（バスケットゴールに入りそうで入らなかった時）、「ナイスシュート！」（バスケットゴールに入った時）があります。

父親：［もう少しでゴールに入りそうだったという場面を待ってから］今のシュートに対して、何かいい声かけはできそう？

リー：分からないよ。

父親：「ナイスプレイ！」っていうのはどうかな？　良いプレーをした子を褒める時には、お父さんに教えてね。［別の子が上手くシュートをしたが、リーは何も言わなかった］

リー：うん。［叫ぶ］「ナイスシュート！」

父親：そうだ！

一部の子どもは、このステップが上手にできません。このステップができなくても、そのままステップ７に進んでください。

ステップ7：遊びに加わるように子どもを促す

遊びに入りたいと上手く知らせる別の方法として、遊んでいる子どもたちのすぐ近くに行くという方法があります。遊んでいる子どもに近づくことで、その遊び（ゲーム）に興味があるというメッセージをその子たちに伝えられます。遊びに入れてもらうよう、いつ、誰に頼むのかを確認してから、遊びに入れてと声をかけるように子どもを促しましょう。

父親：あの子たちが、リーと遊んでくれるかを確認してみよう。あの子たちに近づいてみて。あそこに立って、あの子たちの方を見ていよう［コートの端を指す］僕は向こうのベンチで座っているね［指をさす］。

リー：分かった。［父は2〜3メートル程度後ろに下がり、ベンチに座っている。そして新聞を読むふりをしながら、実際には子どもの様子を見ている］

ステップ8：子どもの参加を終える

最終的には、子どもが上手く遊びに入れるようにしたいですよね。総じて、子どもが他の子と仲良くしている場合には、遊び（ゲーム）が終わるまで遊ばせるようにしましょう。頻繁に他の子と喧嘩になる場合は、スポーツマンの振る舞い方を学ぶために（次の章で説明します）約10分間だけゲームに参加するようにしましょう。ここでは、母親がローラを上手く遊びから引き離す方法を紹介します。

母親：［ローラが他の女の子たちと遊んでいる場所に近づいてきて］ごめんなさい、ローラ。すぐに出かけなきゃいけないの。用事があるのよ。
ローラ：ママ、私は遊び始めたばかりだったのよ！
母親：ごめんね。また今度、ここに来た時に、あの女の子たちと遊べるわ。
ローラ：次の私の番が終わってからでもいい？
母親：それでいいわ。他の子たちがそれでいいかどうか聞いてみて。

もし子どもが上手に遊びに入れなくとも、入ろうとしたことを褒めましょう。10回に5回は誰でも断られるということを子どもに思い出させます。次に示すのは、女の子たちがローラを遊びに入れなかった例です。

母親：どうだった？
ローラ：一緒に遊んでいいか聞いたら、ダメって言われたの。
母親：ローラは、とても上手にステップをこなしたように見えたわ。ダメって言われて、その場を離れることができたことが、お母さんは嬉しいわ。

ステップ9：こっそりと子どもを褒める

やろうとしたことが上手くいったかどうかにかかわらず、あなたのアドバイス通りにやろうとしたことを褒めましょう。

プランA

子どもが上手く遊びに加わったとします。リーが子どもたちに上手く加わって遊んだ例をお見せします。

父親：［リーが自分のところに来るまでは雑誌を読んでいるふりをしている］リー、他の子の遊びに入るためのステップ通りに、上手にできたね！　今回は上手くいったね。遊びに入れてもらう前に、あの子たちがしている遊びに興味がある様子でいたのが良かったよ。

プランB

子どもが上手く遊びに加われなかったとします。リーは他の子どもたちが遊んでいるのをよく見てから、遊びに入れてほしいと声をかけましたが、リーは無視されてしまいました。

父親：［リーが自分のところに来るまでは雑誌を読んでいるふりをしている］うん。君はやるべきことは全部やったと思うよ。子どもたちが遊んでいるのをよく見ていたし、そのあとで声をかけるタイミングを待っていた。お父さんは、君が断られた時、諦められたことがとても良かったと思うよ。リーがあの子たちの気持ちを思いやれたことを示せたからね。さて、これからどうする？

リー：別の子のところに行く？

父親：そうだね！　遊ぶのが楽しそうな別の子を探そう。［再度、ステップをやり直す］

＊　＊　＊

他の子どもたちの遊びに入る方法を、子どもに教えるステップをまとめます。

他の子どもの遊びに加わるためのチェックリスト

ステップ１：あなたの子どもよりも年齢が低い子ども、あるいは同じ年齢の子どもたちが遊ぶ場所を近所で見つける。

ステップ２：他の子どもたちの仲間に加わるためのステップを子どもに教える。

1. 遊びに興味があると相手に伝わるように、近づいてよく聴き、観察する。遊びの内容、遊びのスキルレベルを把握する。
2. 黙って観察するか、褒めるかのどちらかを行う。例えば、「ナイスシュート！」と言う。
3. ゲームが一旦止まるのを待つ。
4. 男の子の場合：手助けが必要そうなチームに声をかける。女の子の場合：遊んでいるおもちゃが誰の物かを尋ねる。
5. 相手に断られたら、それを受け入れる。

ステップ３：あなたの子どもと一緒に、遊んでいる子どもたちを観察する。

- 同じ年齢、あるいは少し年齢が低い子ども、そしてスキルレベルが同じ、もしくは少し幼いレベルの子どもを選ぶ。
- ２～３メートル離れたところから遊び（ゲーム）を観察する。
- 子どもが遊び（ゲーム）のルールを理解しているか、どのチームが勝っているか、どのチームが助けを必要としているかを確認する（女の子の場合は、ゲームに必要なものを持ってきたのは誰であるかを確認する）。

ステップ4：子どもが遊びに入る方法を考えることを手助けする。

・ゲームが一旦止まるか、ゲームの1回戦が終わる時まで待つ。

・子どもに遊びに入る時の声かけをリハーサルさせる。

ステップ5：子どもが遊びに入れてもらえない原因を一緒に考える。大事なことは、相手に断られたら諦めて、その場から離れること。

ステップ6：子どもに他の子どもの行動を褒めることを教える。

ステップ7：遊びに加わるように子どもを促す。遊んでいる子どもに近づく。あなたは後ろに下がって、ベンチで新聞を読むふりをする。

ステップ8：子どもが上手く遊びに入れたら、遊びへの参加を終える。

プランA：もし上手く他の子どもの遊びに入れたら、その遊びが終わるまで遊ばせる。

プランB：もし他の子と頻繁に喧嘩するようであれば、約10分間だけ遊ばせるようにする（8章のスポーツマンのルールについて読みましょう）。

ステップ９：やりたいことが上手くできたかどうかにかかわらず、あなたのアドバイス通りにやろうとしたことをそっと褒めよう。

次のステップについて

あなたの子どもは今では、以前よりも、あなたがいない時でも、他の子どもと知り合い、良い第一印象を与えることがずっとできるようになっています。もしあなたの子どもが他の子どもと上手に遊べていても、この章で紹介したステップを何回か繰り返し、子どもが新しいスキルを上手く使いこなせるようにしましょう。あなたの子どもは、もしかしたら他の子どもから電話番号を教えてもらえるかもしれません（親しい友だちを作り始める際の手助けに電話番号を使います（10章））。もし子どもが集団遊びへの思慮が欠けていたり、他の子どもを仲間外れにしたりする場合は、次の章に進み、スポーツマンのルールを教えましょう。

8　良いスポーツマンになる

問題

・子どもたちが試合中に口論したり自慢したりするのを少なくさせるためにはどのようにしたらいいでしょうか？

背景：他者と遊び友だちを続ける

年に一度、私たちのカブスカウト隊では毎年恒例のパインウッドダービー（レース）が行われます。そこで使うレースカーは、隊員と父親が作ります。参加賞、デザイン賞、最も珍しいものなど、誰もが賞を獲得しますが、ダービーを制するのは一人だけです。

私がカブのマスターとなった初年度、私には、負けた時に泣いた子どもたちの姿がとても印象的でした。彼らはとても楽しんでいたはずだったのに！　彼らが惨めな気持ちになったのは、勝とうとすることよりも楽しむということを、誰も彼らに教えなかったからだと思いました。

翌年、私は、彼らが楽しむためにそこにいることや、良いスポーツマンになるんだと伝えて、勝ち負けから離れることを始めました。勝ったのは一人の子どもだけでしたが、今回は誰も泣きませんでした。良いスポーツマンであることは、勝つことと同じくらい子どもたちにとって重要でした。この章の要点は、子どもたちが誤った優先順位を設定することによるスポーツマンシップの低下を防ぐことです。

7章では、他の子から文句を言われないよう、子どもが他の子どもの遊びに入る方法について、どのように子どもに教えるべきかを論じました。彼らが常に喧嘩をしているとするならば、おそらくどんな犠牲を払ってでも勝つために遊んでいて、他の人と遊び仲間としてずっと関わることを考えていません。表8-1では、良いスポーツマンの振る舞い方と、どんな犠牲を払ってでも勝つための振る舞い方の違いを表しています。

前の章で、遊びにおいてどのように他の子どもの輪に入るのかは、子どもたちが学ぶことのできるスキルであると分かりました。これは、良いスポーツマンになるうえでも同じです。エチケットルールに従わない子どもは、通常、ルール自体を知りません。犠牲を払ってでも勝つための振る舞いをしている子どもが、人生において、このように大切なレッスン

表8-1　どんな犠牲を払ってでも勝つ姿勢と、良いスポーツマンの姿勢の違い

良いスポーツマンの姿勢	どんな犠牲を払ってでも勝つ姿勢
真剣にゲームを行う（ただし、真剣になりすぎない。結局のところ、単なるゲームとして対応）	おどけてまわる（例えば、ボールを奪って返さない）
ゲームのルールに従う	頻繁にルールを破る
自分のポジションにいる、自分の順番を待つことで、他の子どもも楽しい時間を過ごせる	全てのポジションでプレイしようとし（“ボールの独り占め”）、他の子に順番を回さない
口論を避ける	怒る、口論をする、“審判”をする（例えば、“ラインを踏んでいたからアウトだ！”と言う）
ゲームが終わるまで、ゲームに参加する	ゲームに負けた時や飽きると、ゲームからいなくなってしまう

を教えられて喜んでいることに、あなたは驚くかもしれませんね。

問題の解決：良いスポーツマンシップを教える

7章で述べられていたステップを練習した公園や遊び場に戻りましょう。追加のエチケットルール、つまり良いスポーツマンのためのルールを子どもに教えるためには、少なくとも3回以上の練習が必要です。もしあなたの子どもが、最近一緒に遊んだ子どもを見かければ、あなたの子どもはその子どもたちとまた遊べるでしょう。前回は（以前、あなたの子どもがその子たちと遊ぼうとした時）気分良くいるために、あなたはあなたの子どもがその子と遊ぶことを止めました。さあ、それが報われる時です。以下の最初の6つのステップを行うことから始めましょう。

ステップ1：きっかけを作るおもちゃと、読むふりをするための本を持参する

子どもは、前章で学んだ遊んでいる他の子どもに加わるテクニックを続けて行う必要があります。公園や遊び場に来た時に、まだ他の子どもが遊んでいない場合でも、持ってきたきっかけ作りのためのおもちゃを使って遊ぶ準備をしておく方がよいでしょう。

8歳のクラリスは、中国の縄跳びを学校に持っていきました。2人の女の子は、クラリスの持っている縄跳びを見るとすぐに、クラリスと遊びたくなりました。クラリスの縄跳びだったので、自分が楽しむために、クラリスは簡単なルールを作りました。そうすることで、3人で20分休憩の間ずっと楽しむことができました。

公共の場におもちゃを持っていくことで、きっかけを作ることができます。3章で選んだ屋外用のおもちゃは、きっかけ作りのおもちゃに最適です。

・ボール、縄跳び、チョーク（女の子用、石蹴り用）を持っていく。
・ビデオゲーム、お絵かき道具、ラジコンカー、本などの一人で遊ぶ遊具は持っていかない。
・忍者の武器、おもちゃの銃、水鉄砲、その他の何かを発射する遊具などの暴力的なおもちゃは持っていかない。

ステップ２：良いスポーツマンになるためのルールを教える

子どもがこれらのルールを守りながら、遊びの中で、どんな犠牲を払ってでも勝とうとすることはできないでしょう。他の子どもと遊ぶうえでの問題はなくなります。最善の順番で教えられるように並べたルールのリストを作りました。では、その教え方を見ていきましょう。

良いスポーツマンになるためのルール

1．ゲームを真剣に受け止める。ふざけない。他の子どもが真剣にゲームに取り組んでいる時に、ふざけている子は第一印象が悪くなります。
2．審判をしない。審判とは、ルール違反を指摘すること（「私がタッチした後にそこにタッチした」）や、批判すること（「それは馬鹿なことだ」）です。
3．他の人にも楽しんでもらう。特定のスポーツで子どもが他の子よりも優れているとしても、誰もが楽しめるようにしましょう。他の子が捕ろうとするボールを捕ったり、自分の順番に時間がかかりすぎたりしないように、子どもは自分の場所で自分の順番を待つ必要があります。

4. 他の子を褒める。例えば、「ナイスシュート」、「ナイスプレイ」と言ったり、同じチームのメンバーにハイタッチをしたりしましょう。
5. 退屈する場合は、遊び内容の変更やポジションの交代を提案する。例えば、「ちょっとの間、僕がボールを打って、君が捕るのはどう？」とか、「遊びはあと5分くらいにしようか？　疲れたよ。」などです。
6. 口論をする代わりに、新しいルールを提案する。例えば、「それはファウルだ。アウト！」と言う代わりに、「［指さしをしながら］ファウルラインの続きはこの線というルールを作ろう。いい？」などです。イエスでもノーでも相手の子どもが言ったことを受け入れ、それに従います。
7. 勝った場合でも、自分にとっては勝つことは重要ではないように振る舞う。
8. 負けたり、プレーに飽きても、ゲームから立ち去らない。両チームの人数が同じではなくなるので、ゲームの1回戦が終わるまで、ゲームに参加し続けましょう。

一回の練習でこれらのルールを全て教えようとしないでください。まずは、最初の4つのルールを子どもが身につけることを目標にしましょう。

遊びを始める前に、まず子どもに良いスポーツマンになるルールについて話します。スポーツマンになるための練習をする場所に向かう途中の時間は、話す良いタイミングでしょう。カーラジオなど、気が散るものがないことを確認してから、簡単にルールを説明します。

父親：今、僕たちは前回あの子どもに会った公園に向かっているよ。良いスポーツマンになるための4つのルールを覚えておいてほしい。それは、他の子どもにもそれぞれのポジションをやってもらうこと、ふざけないこと、誰かに審判を任せること、他の子に「ナイスシュート」「ナイスプレイ」などの声かけをすることだ。いいね？

キース：分かった。

父親：４つのルールは何だった？

キース：他の子たちにそれぞれのポジションをやってもらう。ふざけない。誰かに審判をやってもらう。あとはなんだっけ？

父親：前回、キースがしたように、「ナイスシュート」「ナイスプレイ」のような声かけをすること。いいね？

キース：分かった。

ステップ３：遊びに入るように子どもを促す

良いスポーツマンになるための指導ができるように、子どもは他の子どもに受け入れられるまで、前章の遊びに入るためのステップを行います。子どもは、３メートル程度まで遊んでいる他の子どもに近づき、彼らを見つめます。おもちゃを持ってきた場合は、あなたに預けておきます。あなたは６〜９メートル離れて見ていましょう。もし子どもが仲間に入ることを断られた場合は、他の子どもの輪に入るか、持ってきたおもちゃで遊ぶようにしましょう。おもちゃで遊んでいる時に、他の子どもが近づいてきたら、一緒に遊ぶかを尋ねます。

ステップ4：子どもが良いスポーツマンになるためのルールに従っていることを確認する

子どもを遠くから見守ります。リラックスして、雑誌を読むふりを続けてください。もちろん、本当に読むのではなく、子どもを見ていましょう。あなたが見るべきポイントは、

・子どもが良いスポーツマンになるためのルールを守っているかどうか。もし子どもがルールを守れていたら、ゲーム終了後に、こっそりと子どもを褒めましょう。
・教えられた良いスポーツマンになるためのルールに違反していないか。
・5番目から8番目のルールを教えなければいけない状況にあるか。

プランA

子どもは教えられたルールを時々破ります。これまでの古い習慣から抜け出すことは非常に難しいことは当然なのです。そのため、子どもが良いスポーツマンになるためのルールを時々守れないことを覚えておいてください。子どもがルールに違反した際、子どもたちが遊んでいるところまで行き、子どもを隣に来させます。そして、平静な声で、ルール違反をしていることを静かに思い出させます。このような子どもとのやり取りによって、ゲームは混乱し、他の子どもたちをいらだたせるかもしれません。しかし、他の子どもたちは遊び続けている間に、何が起こっているのかを気にしなくなります。彼らはあなたの子どもに起こっていることよりもゲームに興味があります。覚えておいてほしいことは、ここでのあなたが行うべきことは、子どもが遊びに戻って、ルールを上手く守れるように教えるということです。

母親：［ローラの元へ歩いて行って］ローラ、少し話をしたいのだけれど。
ローラ：今ちょうど遊んでいるところ。
母親：ちょっとこっちに来て。
ローラ：［来て、不満げな声で］何？　ママ。
母親：［ささやき声で］来てくれてありがとう。良いスポーツマンになるためのルールを覚えている？
ローラ：うん。
母親：なんだった？
ローラ：他の子にそれぞれのポジションをやってもらう、残りは覚えていない。
母親：ゲームを真剣にやること、誰かに審判をしてもらうこと、他の子を褒めること。
ローラ：そうそう。
母親：他の子に審判をしてもらう必要があるわ。誰かが縄跳びでつまずいたら、その子に指摘してもらって。できそう？
ローラ：うん、ママ。
母親：じゃあ、戻って遊んでおいで。

始めは、このようにルールをローラに思い出させる必要があります。しかし、良いスポーツマンになるための練習を何度か行うことで、ルールは習慣となります。

プランＢ

子どもはまだ教えていない良いスポーツマンになるためのルールに違反することがあります。そのような場合には、新しいルールを教えます。例えば、子どもが口論をしているのを見つけたら、すぐにあなたのそばに来させます。平静声で、良いスポーツマンになるための6番目のルールをこっそりと伝えます。

父親：「ファールラインがどこにあるかの口論が始まった後、キースをそばに来させて」良いスポーツマンになるための他のルールを教えようと思う。口論する代わりに、新しいルールを提案しなさい。

キース：でも、彼は線の外でボールを打ったんだ！

父親：まず、新しいルールを作るか彼に聞いてみなさい。例えば、「ファールラインを作るのはどう？」と言おう。もし彼が嫌だと言ったら、彼が言うファールラインを認めなければいけないよ。できる？

キース：どうしてそうしないといけないの？

父親：キースが良いスポーツマンになるためだよ。そうなれば、ゲームは誰にとっても楽しくなるよ。

キース：分かった。

父親：ありがとう。さあ、戻って遊んでおいて。

キースが提案を拒否した場合、父親は、キースが良いスポーツマンになるためのルールを守ることを約束するまで、彼をゲームから外すこともできるでしょう。

ステップ5：一緒に遊んでいる子が認めない限り、子どもにゲームを止めさせない

子どもがゲームに負けたり飽きたりした時、途中でゲームから立ち去らせてはいけません。子どもは遊んで

いる全員の気持ちに配慮する必要があります。さらに、ゲームをするうえで、他の子どもはあなたの子どもを頼りにしています。以下がその例です。

キース：［他の子どもはまだ遊びたいが、ゲームから立ち去りながら離れる］もうやりたくない。

父親：［ベンチからキースのほうに歩いて行って］キース、他の子たち全員に、もうやめたいかを確かめておいで。

キース：でも、僕はもう疲れた。

父親：みんなに聞く必要があるよ。みんなの希望を聞くことは、みんなの気持ちに配慮することなんだ。なんと聞けばいいかな？

キース：「やめても大丈夫？」

ステップ６：子どもを褒める

子どもが良いスポーツマンになるためのルールを守れたら、子どもを褒めましょう。ただし、ゲームの後で、他の子どもがいないところで褒めます。

父親：［公園から家への帰り道で］君がゲームに真剣に取り組んでいるのが良かったね。一緒に遊んでいた他の子も、楽しかったと思うよ。

もし子どもが良いスポーツマンになるためのルールを守ることが難しい場合には、ステップ７に進みます。

ステップ7：良いスポーツマンになるための次の練習の前に、子どもと約束する

良いスポーツマンになるための練習をする直前に、子どもと交換条件の約束をします。練習後に、気軽に、すぐに渡せる小さなご褒美をあげます。良いスポーツマンになるための直前の練習で、ルールに7回以上違反した時には、今回の練習では、ルール違反が3回以下の場合にご褒美をあげるようにします。

父親：あの子たちと前に遊んだ時、良いスポーツマンになるための4つのルールを覚えている？
キース：なんだっけ？
父親：他の子にそれぞれのポジションをやってもらうこと、ゲームに真剣に取り組むこと、審判は誰かにやってもらうこと、他の子を褒めること。
キース：分かった。
父親：キースにとって、ゲーム中に全てのルールを覚えていることは難しいかもしれないね。だから、もし今日覚えていることができたら、特別なおやつをもらえるのはどう？
キース：アイスクリームを買いに行ける？
父親：約束しよう。僕がキースにルールを思い出させるのが4回よりも少なかったら、アイスクリームを買いに行こう。

父親は、キースが良いスポーツマンになるためのルールを守ることを忘れるたびに、キースの遊びを中断させて、ルールを守ることを約束させた後に、遊びに戻します。父親がキースに思い出させる回数が3回以下の場合、キースはアイスクリームがもらえます。あなたが子どもと約束をする場合、はじめは5番目から8番目

のルールに違反しても回数には入れないようにします。

キースに思い出させる回数が３回よりも多い場合には、父親は次回にまた挑戦できることを伝えます。そのため、今回の練習後のアイスクリームはお休みしてください。次の練習の時では、遊ぶ時間を30分から20分に短くして、父親はキースと同じ約束をします。ルール違反が３回以下の時、父親はキースをアイスクリーム屋に連れて行きます。

＊　　＊　　＊

良いスポーツマンになる方法をあなたの子どもに教えるステップをまとめます。

良いスポーツマンになるための練習チェックリスト

ステップ１：きっかけを作るおもちゃと、読むふりをするための雑誌を持参する。
・ボールや縄跳び、（女の子や石蹴りのための）チョークを持参する。
・ビデオゲームやお絵かきセット、ラジコン、本などの一人用のおもちゃは持って行かない。
・忍者の武器や、おもちゃの銃、水鉄砲など、何か発射する暴力的なおもちゃは持って行かない。

ステップ２：良いスポーツマンになるためのルールを教える。子どもが幼い場合には最初の４つのルールを、年齢の高い子どもには最初から４番目または６番目までを教える。
１．ゲームに真剣に取り組み、ふざけないこと。
２．審判をしないこと。

3. 他の子も一緒に楽しむこと。
4. 他の子を褒めること。
5. もし退屈したら、遊びを変えることや、ポジションの移動を提案すること。
6. 口論の代わりに、新しいルールを提案すること。
7. ゲームに勝った場合でも、勝つことはそれほど重要でないふりをすること。
8. ゲームに負けたり、疲れたりする時でも、ゲームから立ち去らないこと。

ステップ3：子どもが参加しようとすることを促す。
・3メートル以内に近づき、他の子が遊んでいるのを見る。
・おもちゃを持ってきていた場合は、親に預ける。
・あなたは、6~9メートル離れて見ている。
・もし子どもが遊びに入ることを断られた場合、別の子の遊びに入るか、持ってきたおもちゃで遊び始める。
・遊んでいる間に、他の子が近づいてきたら、子どもはその子を一緒に遊ぼうと誘う。

ステップ4：子どもが良いスポーツマンになるためのルールを守れているかを観察する。
・子どもが良いスポーツマンになるためのルールを守れているかを遠くから観察し続ける。
・5番目から8番目のルールを教える状況を見つける。
プランA：子どもは時々、教えたルールに違反します。その時には、すぐに子どもを近くに来させ、落ち着いてルールに違反したことを思い出させます。

プランB：まだ教えていないルールに違反することがあります。そのような場面になったら、新しいルールを教えます。

ステップ5：一緒に遊んでいる子が認めない限り、子どもにゲームをやめさせない。

ステップ6：子どもが良いスポーツマンになるルールを守ることができた時、ゲーム終了後、個人的に子どもを褒める。

次のステップ

子どもが、２回続けて良いスポーツマンになるための全てのルールを守れるまで、良いスポーツマンになる練習を繰り返します。２回続けて全てのルールを守ることができた時には、子どもが良い第一印象を与えられるようになったことを喜びましょう。他の子どもたちは、あなたの子どものことをもっとよく知りたいと思うかもしれません。次の９章では、子どもがより親しい友人を探す手助けをします。

9　仲良くなれる友だちを探す・仲良しグループに加わる

問題

・私の娘が学校で4人組の女の子から仲間外れにされていると感じています。どうやって助けてあげたらいいですか？

・私の息子は仲のいい友だちがいません。何をしてあげることができるでしょうか？

背景：仲良しグループ

小学生になると、これまで以上に、親しい友だちと深く結びつくようになります。小学1年生にとっては、親しい友だちは一緒に遊んだりする友だち、特に一緒に過ごしたりする友だちになります。小学2年生までには、親しい友だちの中でも、特に仲が良い一部の友だちを選ぶようになり、小学4年生までには、親密な友だちに特別な関心を持つようになります。小学5年生や小学6年生では、異性の友だちと仲良くなる前に、同性の友だちと親密な関係になります。表9-1を見てください。

表 9-1　親しい友人の形成

学年	親しい友人と行うこと	親しい友人の基準
幼稚園・小学1年生	誰とでも一緒に遊ぶ。親しい友人は、放課後に一緒に遊ぶ頻度で決まる。	親しい友人とは、活動やおもちゃを共有する。
小学2年生・3年生	男の子と女の子は公の場ではお互いを避ける。親しい友人は協力し合い、お互いの行動や考えの違いを調整し始める。 男の子：小グループでルールのある遊びができるようになる。リーダーがいる一次的な集団を作る。 女の子:時に、4～5人の友だちが仲良しグループになる。	親しい友人とは、常に一緒にいる仲間。
小学4年生	専門的な興味・関心が表れ始める。 男の子：小グループで交流しあう。 女の子：仲良しグループは男の子より安定し、興味・関心（自転車、バレー、映画鑑賞など）を中心として仲良しグループが作られ始める。	親しい友人は同じ興味・関心があり、好き嫌いが同じで、同じようなスキルがあり、性格が合う。
小学5年生	男の子：同じ興味・関心を持つ男の子たちとだけ付き合う。 女の子：長電話と秘密の仲良しグループを作る。	親しい友人は親密で、助け合う。
小学6年生	男の子：遊びの中で、会話が大きな役割を果たし始める。 女の子：情報交換ではなく会話のために電話をする。	親しい友人は「本当に理解」し合う。

仲良しグループの価値

私が主催する子ども向けのフレンドシップ・プログラムには、男子は女子の3倍多く参加しています。女子は男子よりも、友だち関係の問題をあまり抱えていないようです。この理由の一つには、女子の方が男子よりも仲良しグループに属することがあるように思われます。仲良しグループには、仲は良いけれど親友でない子も含まれますが、親友も含まれます。女子の仲良しグループ（そこに属する時）は男子のグループよりも親密で、人数が少ないグループです。[1] 男子のグループメンバーは時々変わりますが、1人か2人の親友がいて、通常、男子は4人から5人ほどの親しい友人と仲良しグループを作ります。

幼稚園の頃からの知り合いのジェレミー、グレッグ、スティーブンの3人は、理想的な男の子の仲良しグループの例です。彼らは近所に住んでいて、お互いが個々に遊ぶ約束をします。たまに、このグループに属していない友だちと遊ぶこともありました。

4年生になって、彼らの親はジェレミーたちが自分たちだけで道を安全に渡ることができるようになったと安心できるようになりました。そのため、親同士が電話で話し合った後、ジェレミーたちはグループで集合します。ジェレミーとスティーブンは自転車に乗ってグレッグの家に行ってしばらく遊びます。彼らはグレッグの母親に45分間自転車に乗ると伝え、グレッグの母親は自分たちだけで遊んで帰ってくることができると、子どもたちを信頼しています。彼らが帰ってきた後、昼食が準備されているスティーブンの家に向かいます。

次は、理想的な女子の仲良しグループを紹介します。ある4人の母親たちは、自分の2年生の子どもたちのために、このグループ内で、子どものために遊ぶ約束をよくします。母親たちは、子どもたちがお互いに好感を持っていると気づいています。子どもたちが3年生になって、母親たちは娘たちを乗馬レッスンに送った後、カフェに行きます。このような4人組の女の子グループはすぐにでき、その関係は長く続き、親たちも関わるので、多くの女の子はこのような仲良しグループを作ることに憧れます。つまり、女の子の多くは、特別な友だち、言い換えれば、「シスター」を欲しがります。

もっと典型的な例をみてみましょう。この3年の間、6歳のジュリーはバレー教室に通っています。ジュリーはその教室で何人もの友だちと会いましたが、ジンジャーだけは長年の友だちです。ジュリーは3年生の時にジョレーンと出会い、彼女たちは同じバスに乗って登校し始めました。エミリーとは、ガールスカウトのキャンプと市の楽団で出会いました。6年生の時、ジュリー、ジンジャー、ジョレーン、エミリーは同じ中学校に進学しました。彼女たちは毎日一緒にお昼を食べ、毎月お泊り会をしました。彼女たちの共通の趣味は、勉強すること（全員優秀なクラスに入っています）とお泊り会で映画を観ることです。

女子たちの典型的な仲良しグループは、一人ひとりが徐々にグループに参加しながらゆっくりと形成されます。そして、通常は年度初めですが、環境が変化する時に、急激にグループになる場合があります。子どもたちは共通の興味・関心に基づいて、個々人で友だちとしてお互いを選び合います。親たちもお互いは知っていますが、必ずしも友だちではありません。

女子によく見られる別のパターン（およそ39％の女の子）として、共通の友だちのグループに属さないことがあります。[2]このようなパターンにある女子は、参加している活動の多くで親友がいます。例えば、ダンス教室の親友、近所の親友、学校の親友などです。これらのいずれのパターンでも、女子の長期的な適応には有効であると、私は考えています。問題は、仲良しグループに属していないと不幸に感じる女子がいることです。

避けるべき仲良しグループの一つには、多くの子どもから「人気者たち」（しかし、実際にはあまり好かれていない）とラベルづけされているグループです。[3]このグループのメンバーは閉鎖的（排他的）であることに価値を置きます。このようなグループには、グループに加入もしくはグループから排除する権限を持つ支配的なリーダーがいます。このようなグループに入る子どもは、通常、グループのメンバーにネガティブなことを言われ、グループに入る前からの友だちと友だち関係をやめるように強制されます。親は、自分の子どもがグループのメンバーからそれまでの友だちと友だち関係をやめるように強要されていることを聞いた時に、自分の子どもがそのようなグループに属していると知ります。

問題の解決：数人の親しい友だちを作る

男子と女子が仲良しグループに属する必要はありませんが、同性の親しい友人が2～4人いることが望ましいです。女子と男子は互いに良い影響を与え合う友人を作れますので、異性の友だちを作るように子どもに働きかけることがいけないと言っているわけではありません。しかし、同性の友だちは校庭のような公共の場所での遊び相手となるので子どもにとって同性の親友を作ることはとても大切です。

ステップ1：子どもに好きな遊び相手について聞く

子どもが学校で一緒に過ごしている遊び友だちを調べてください。

母親：休み時間は、何してたの？
ダニエル：石蹴りをしたよ。
母親：誰と？
ダニエル：トリーシャとジョーイだよ。
母親：いつもその2人と遊んでるの？

ダニエル：そうだよ。
母親：どちらかの家に行ってみたいと思う？
ダニエル：うん。

もし子どもに学校での好きな遊び相手がいなかったら、放課後や近所でしていることを聞いてみてください。また、いずれの状況にも遊び相手がいない場合は、新しい友だちができるように４章から６章のステップを参考に助言してあげてください。

一部の子どもは、入りたい特定のグループから仲間外れにされることに不満を持ちます。しかし、親が子どもに仲良しグループに参加するように勧めることは間違っていると思います。特定の仲良しグループに入れないと不満を持っている子どもたちは、

・共通の興味・関心で最良の遊び相手を探すのではなく、間違った理由――人気やステータス――で仲良しグループを作ろうとします。
・他の子ども一人ひとりと、個別の関係を築こうとするのではなく、仲良しグループにすぐに受け入れられようとします――つまり、グループ内の全員に一度で仲間にしてもらうようにします。しかし、個別の友だち関係を作ることは、大きな仲良しグループに入る最善の方法です。[4]

母親は娘のケイトが学校の仲良しグループから仲間外れにされていることを知りました。

ケイト：学校で仲良くしている子がいないんだ。
母親：イブリンは？　教会の後に遊んでいたじゃない。
ケイト：イブリンはアビーとシャロンと一緒にいて、学校で私と話してくれないんだ。

もし母親とケイトがアビーとシャロンと共通の興味・関心がそれほどないと考える場合には、ケイトが学校で一緒に過ごすことができる別の友だちを見つける必要があります。以下のように助けてあげてください。

母親：学校で、誰か好きな子はいないの？
ケイト：モニカは好きだよ。でも、モニカはイブリンやアビー、シャロンと友だちじゃないんだ。
母親：イブリン、アビー、シャロンがあなたと仲良くしたいかどうかは、彼女たち次第でしょ。彼女たちに頼ってはダメよ。モニカのことは好き？

もしケイトが「うん」と言うならば、モニカと遊ぶ約束をしましょう。イブリン、アビー、シャロンと仲良くできなかった場合は、モニカとなら仲良くできるかもしれません。モニカとも上手くいかなければ、ケイトは別の友だちを探すようにしましょう。子どもがどこかの仲良しグループに属することは重要ではありませんが、仲の良い友だちを作ることは大切なことだと覚えておきましょう。

ステップ２：学校や活動の前後の数分間、観察する

子どもの活動が終わる数分前に、子どもが活動しているところを訪れ、離れたところから子どもが誰と仲良

くしているかを観察します（詳しくは6章を読んでください）。

母親：［男子たちと話をしている息子アレックスを観察した後に］やあ、アレックス。あなたが話していたのは誰？

アレックス：ジェフリーだよ。

母親：ジェフリーとは学校で遊ぶの？

アレックス：うん。今日、休み時間にハンドボールをしたよ。

母親：家に呼んだら？

アレックス：うん。

翌日、息子たちを迎えに行く前に、アレックスの母親はジェフリーの母親と相談しました（詳しくは6章を読んでください）。

ステップ３：一度に一人の友だちと遊ぶように、日程を調整する

あなたは何人かの親と共通の興味・関心を持っています。子どもたちもお互いに一緒に遊びたいと思っています。前のステップ（ステップ２）で、子どもが一緒に遊びたい子どもが誰であるかが分かりましたので、その親と会い、遊ぶ日程を調整します。小学1年生や小学2年生は、直接会って日程を決める方がよいですが、電話をかけることができる年齢の子どもであれば、電話で遊ぶ日を決めることも有効でしょう（詳細は次の章を読んでください）。学校で、子どもが一緒に遊びたいと思っている友だちの親に相談してみてください。

ためらっていたけれど、友だちを作ることができた女子の例を紹介します。12歳のマージーはある仲良しグループの女子から時々からかわれていました。マージーはその子どもたちとは違い、読書や馬にとても興味があったので、その子たちはマージーのことを「オタク」と呼んでいました。マージーはさまざまな活動を通じて、この仲良しグループの一人ひとりをよく知るようになります。メアリーとマージーは陸上競技チームが一緒です。ジョアンとリカは演劇のクラスで一緒です。いずれの活動も、学校とは別で会えるのが楽しい遊びの日になりました。そのため、仲良しグループの間では、マージーは「それほど悪くない」とうわさされるようになります。

マージーは仲良しグループには属していないかもしれません。しかし、マージーが親密な友だち関係を作り始め、マージーの否定的なイメージが少なくなってきたので、グループに属することは大きな問題とはならなくなります。

次のステップ

あなたの手助けの甲斐があり、子どもは友だちと共通の興味や趣味を好きになり、その興味を友だちと分かち合え、以前よりも友だちとよく分かり合えるようになりました。多くの子どもたちは、仲良しグループにいる子どもが好きでなくても、そのグループに入りたいと誤った考えをしてしまいます。子どもがこのような誤った理由で、友だちを選んでいる場合には、15章と16章を読んでください。子どもが上手に友だち作りをできている場合には、遊びの計画を立てることを手助けするために10章と12章を、友だち選びを手助けするために15章を読みましょう。

10　友だちを作るための電話の使い方

問題

・私の子どもは、自分で電話をかけられるようになりたいのですが、友だちになれそうな子どもたちと集まるためにどのように電話を使ったらいいかを理解していません。どのように電話でのエチケットを教えるといいでしょうか？

背景：親友に発展する

子どもが新しい友だちを作る最良の方法は、一度に遊ぶ約束をする相手は一人にすることです。友だちと楽しく遊ぶためには、まず慎重に遊ぶ計画を立てることから始めます。子どもが成長するにつれて、自分で遊ぶ予定を計画できるようになります。表10-1は、子どもがどの程度、遊びの計画を作れるかを示しています。

電話は、子どもが遊びの計画をしやすくする便利なツールであり、親が子どもの会話のスキルを磨くうえでも役立つツールです。子どもが電話している姿を親が見守ることで、子どもがより上手に会話できるように教えるチャンスが生まれます。子どもたちが遊ぶ前に遊びの内容を計画することで、子どもはより楽しく遊べ、口論も少なくなります。

喧嘩は遊び（そしてその後の友だち関係）が上手くいかなくなる主な原因です[1]。子どもたちが口論する原因のほとんどは、遊びの内容に関することでできます。このような口論は、子どもに情報交換の仕方を教えることで防ぐことができます。つまり、遊ぶ仲間で一緒に（かっとした瞬間ではなく）前もって、遊ぶ内容を決めます。

7歳のジニーは、遊びの計画を詳細に決めるのが好きでした。ローラが来る前から、ジニーはまず初めに人形で遊び、次に着せ替えごっこをすると決めていました。しかし、ローラが縄跳びをしたいと言った時、ジニーは怒り出し、ローラと口論し始めました。どちらもその日の遊びを楽しめませんでした。

2人の遊びをジニー一人で計画したのは明らかでした。遊ぶ前の情報交換の仕方を学んでから、ジニーは友だちの意見を遊ぶ内容に取り入れ始めました。情報交換を行う最良のタイミングは、2人の子どもが電話で話している時、学校や活動で一緒に待っている時です。共通の遊び（活動）を話すことで、2人で遊ぶこと（そしてお互い）に興味があることをお互いが確認します。私は、親が聴いているところで、子どもが遊ぶ可能性がある子に電話をかけることを勧めています。子どもが共通の興味を見つけることができない場合、子どもたちは集まっても、何をしたらいいのかが分からないでしょう。

表10-1　遊ぶ約束を計画する際の子どもの役割

年齢	遊びの決め方
5歳より幼い場合	親が遊ぶ約束を調整し、遊びを見守り、子どもが喧嘩すれば仲直りさせる。
5-7歳	親が子どもと相談し、その後、遊ぶ約束を調整する。
8-10歳	親がサポートしつつ、子どもが自分で電話をかけ、1～2個の遊びの計画を立てる。
10-12歳	子どもが遊びの計画をする。親は遊ぶ日時を確定させる。

ですから、共通の興味が見つけられない場合には、遊びに誘わずに会話を終えることもいいでしょう。

子どもに情報交換の仕方を教えることには、2つの目的があります。1つ目は、子どもが会話を共有する仕方を学ぶことです。会話を共有するのは、卓球のようなもので、情報を渡したり得たりします。会話の中でよくある間違いは、「会話の独り占め」（自分自身についてだけ話す）や、「インタビュアー」（こちらの情報は一切開示せず、相手についてのみ知ろうとする）などです。

情報交換の仕方を子どもに教える目的の2つ目は、会話での個人情報の開示レベルを調整するように教えることです。人がお互いを知る時に大切なことは、一緒にやりたいことを見つけることです。最初は、非常に表面的なレベルのことを話しますが、段々とお互いを知るうちに、多くの個人情報を開示し始めます。そして、そのような個人の開示が相手に上手く受け入れられて、相手からも個人的な情報が返されるかどうかを確認します。この個人情報の開示が早すぎると相手を不快にさせ、仲良くなる可能性が低くなることがあります。

問題解決：子どもに遊びを約束するために電話を使うことを教える

あなたの子どもが遊び友だちになる可能性のある子に電話をかけている姿を見守ることは、子どもに会話スキルを学ばせる良い方法です。「教えるべき瞬間」を見逃さないために、子どもが電話をかけているところにいるようにしましょう。しかし、電話をしている相手の子には、あなたがそばにいることが気づかれないようにします。

ステップ1：留守番電話にメッセージを残すことを教える

留守番電話は、忙しい人には必須ですが、幼い子どもをよく混乱させます。子どもに、以下の情報を留守番電話に残すことを教える必要があります。

・自分の名前
・電話をかけた相手の名前
・自分の電話番号

あなたの子どもがすでに留守番電話へのメッセージの残し方を知っている場合は、このステップを飛ばします。もし子どもがメッセージの残し方を知らない場合には、電話をかける前に以下の方法を教えます。

母親：もしプレストンがリチャードに電話したけど、誰も電話にでなくて留守番電話につながったらどうする？

プレストン：電話を切る。

母親：それもいいね。でも、留守番電話にメッセージを残した方がいいわ。そうすれば、リチャードはあとでかけ直してくるし、プレストンがもう一度リチャードに電話する必要もないわ。ただ、「こんにちは。プレストンです。リチャードに電話をしました。555‐2345に電話をしてください」と言うだけよ。やってみましょう。リチャードに電話をかけるふりをして、留守番電話にメッセージを残す練習をしてみよう。

母親：［電話をかけているふりをして］プルルルル。「はい、ジョーンズです。ただいま電話に出ることができません。メッセージを残してください。折り返しご連絡します」

プレストン：「こんにちは。プレストンです。５５５-２３４５に電話をください」
母親：いいわ！　相手は、プレストンがリチャードと話したいことが分かったかな？
プレストン：分からない。
母親：じゃあ、もう一度練習してみよう。今度は、リチャードと話したいと言ってみましょう。
プレストン：「こんにちは。プレストンです。リチャードと話したいです。５５５-２３４５に電話をください」
母親：すごくいいわ！

あなたの子どもが電話をかける準備ができたら、子どもは何と言ったらいいでしょうか？　プレストンにこちらに来て遊ぶように頼むべきでしょうか。もしそうする場合でも、彼とプレストンが何をして遊ぶのかが分からなければ、退屈で面白くない遊びになってしまいます。そのため、他の子と共通の興味を見つけ出すために、情報交換の仕方を子どもに教えます。そうすることで、遊びがつまらなくなることを防げます。目標は、何をして一緒に遊ぶかということについて、どちらの子どもにも意見を出させることです。このことは、一般的な会話の促進につながる相手の話を聴くスキルを形成するうえで役立つ練習でもあります。

ステップ２：子どもと情報交換の練習をする

情報交換の仕方を子どもに教えるうえで、最も難しいのは電話をかける際の「カバーストーリー（電話をかけた簡単な理由）」です。子どもは戸惑うかもしれませんが、相手に質問をして電話の会話を始めると上手くいきます。もし電話の相手が同じクラスの子であれば、宿題について尋ねることもできますし、しばらく会っていない相手であれば、学校での様子を尋ねることもできます。一部の子どもにとっては、実際に電話をかける前に、電話で尋ねる質問を前もってリハーサルすると効果的です（質問を書き留めてしまうと、電話の相手の子の話を聞かずに、書いてある質問をただ言うだけになってしまうかもしれません）。子どもが練習のための電話をかける前に、電話の相手の子と一緒にやりたい2つの遊びを見つけておくことを子どもと約束してください。以下は、9歳のデニスと母親が、デニスが初めて電話をかける前に行った練習です。

母親：今から、デニスに、いとこのグレゴリーと情報交換をしてもらいたいの。感謝祭の時に、デニスとグレゴリーがやりたい遊びを2つ見つけて。まずは、練習してみましょう。私がグレゴリーのふりをするから、デニスは電話をかけてみて。「こんにちは」

デニス：何と言ったらいい？

母親：［ささやき声で］「どんなことをして遊びたいか、知りたいんだけど」はどう？

デニス：「どんな遊びをしたい？」

母親：「グレゴリーになりきって」「バスケットボールをしたいな。裏庭にバスケットゴールがあるよ」。グレゴリーに、他に何て聞いたらいいか、分かる？

デニス：分からない。

母親：他の人と一緒にやる遊びでやりたいものを考えてみて。何がある？

デニス：ハンドボール、サッカー、バスケットボールかな。ああ、僕はチェスが好きだけど、一緒にやる人がいない！

母親：チェスはいいわね。おそらくグレゴリーはチェスが好きだから、一緒に遊ぶことができるわ。もう少し、練習してみましょう。私はもう一度グレゴリーになるわ。デニスはなんと言う？

デニス：「チェスで遊ぶのは好き？」

母親：「うん。すごく好きだよ！」。なかなか良かったわ！　もし彼がチェスで遊ぶのが好きじゃなかったら、彼が好きな遊びを見つけることが必要よ。

デニス：分かった。

ステップ３：電話での行動ルールを設定する

電話で子どもがよくする間違いは、ふざけた行動をしたり（例えば、電話で音を立てたり、くだらない話をしたり、「誰だと思う？」といきなり言うなど）、話が個人的すぎたり、話しすぎたりすることです。あなたの子どもが以前に長電話をしたことがある場合には、電話時間を決めておきます。電話を切らなければいけない理由を事前に決めておくと便利です。例えば、宿題、家のお手伝い、次に実際にしなくてはいけないこと、などです。（以下のステップ６を参照してください）

もしあなたの子どもが電話でふざけた行動をした時は、電話をかける直前でルールを追加しましょう。

母親：デニスがグレゴリーに良く思われてほしいから、グレゴリーと話す時は真剣になってほしいな。分かった？

デニス：分かった。

また、あなたは子どもが自分の話ばかりをせずに、電話の相手の子と共通の遊びを見つけてほしいと思っていることでしょう。ほとんどの子どもにとって、これは簡単なことです。しかし、一部の子どもは手助けを必要とするかもしれません。

母親：ジュリーと話す時は、自分の話ばかりせずに、一緒にやりたいことについて話してね。

マリー：お兄ちゃんがどれだけ私に嫌なことをするか、ジュリーに話してもいい？

母親：マリーは今ジュリーについてよく知らないよね。だから、ジュリーはその話を聞いて嫌な気持ちになるかもしれない。ジュリーのことがもっと分かるまで、その話は取っておきましょう。

あなたの子どもは情報を得るだけでなく、情報を提示する必要もあることを覚えておきましょう。子どもには、話す時間も、聴く時間も必要です。もしそのような時間がない場合は、子どもにオープン・エンド形式の質問（「はい」や「いいえ」で答えられない質問）をさせ、相手からの答えを待つようにさせます。そして、相手の子の答えを繰り返して、それに返答させます。

あなたと子どもが練習した後、子どもは情報交換のやり方が分かるでしょう。では、電話の練習をしてみましょう。

ステップ４：電話の練習を始める

安全で簡単な練習の電話から始めましょう。例えば、子どもと同じ年齢のいとこは上手くいくでしょう。子どもに、いとこがやりたい複数の遊びを見つけさせます。電話の練習をするいとこの親にも、この練習に参加してもらいます。そうすることで、いとこに電話をしやすくなります。練習相手の親は、練習の電話をより実際に近づけようと、いとこに練習のことは秘密にしておくかもしれません。

この電話は内々で行います（あなた以外の家族は聞かないようにします）。これは、子どもに電話がどれだけ重要であるかを伝えるためです。最終的に、子どもが仲良くなりたい友だちに電話をする時に、あなたが子どものプライバシーを守ることで、子どもはもっとリラックスして電話をかけることができます。子どもの気がそれる物がないか、正しくダイヤルして電話がつながったかを確認します。子どもが電話をかけ始めたら、電話をかける際のルールを守っているかを確認するために、子どもの近くにいるようにします。

もし子どもがあなたが近くにいてほしくないようなら、子どもが真剣に電話をかけられるように、ゆっくりと部屋を出て行きます。子どものふざけた言動を聞いた時は、すぐに子どもに電話では、どうすべきかを思い出させます。子どもが引き続きふざけた言動を続ける場合は、近くで電話を見守り、このような言動を防止します。

電話の練習を数回行えば、あなたの子どもは電話で遊ぶ約束をする準備が整います。

ステップ５：遊びを約束するために電話をかける

さあ、実際に電話をかけます。子どもが遊びを約束するために、初めて電話をかける時です。遊びたい友だちを決めることを手伝い、情報交換の方法を子どもと話し合います。

母親：ボードゲームをするために、スーザンを家に呼びたいのね。スーザンはどんなおもちゃを持っているのかしら？

ティナ：知らない。

母親：スーザンに電話をして、情報交換をして、彼女が何をして遊びたいかを見つけるのがいいわ。スーザンが好きなおもちゃ2つか、彼女が遊びたいことを2つ見つけよう。2つ見つけたら、彼女がこの家に来て、そのおもちゃで遊びたいかを尋ねてみて。もしスーザンが遊びたいおもちゃが彼女の物なら、持ってこられるかも聞いてみて。遊びたいおもちゃが2つ見つかるまで、スーザンには家に来ることは尋ねないようにね。ティナの電話を聞いているから、必要な時には手伝うわ。

以下は、情報交換が上手な10歳のタミーと、新しい友だちのリンダの電話での会話の例です。

タミー：こんにちは、タミー・グルーバーです。リンダはいますか？
リンダ：はい、リンダです。
タミー：今ちょうど、いつも読んでいる雑誌の最新号が郵便で着いたわ。
リンダ：誰が表紙だった？
タミー：J・T・Tよ。読みに私の家に来ない？
リンダ：いいね！　私の雑誌も持っていくわ。
タミー：いいね！　後ろで犬が吠えているのが聞こえるけど、あなたの犬なの？
リンダ：そうよ。
タミー：犬の種類は何？
リンダ：ジャーマンシェパードよ。とてもかわいいし、夜は一緒に寝ているの。
タミー：犬は大好き。リンダのベッドにのってくるの？

リンダ：うーん、両親は私のベッドの横の床までと言っているんだけど、親が見ていない時には、私を暖めてくれるように足のところで寝かせているの。

タミーがリンダから話を聞いて楽しんでいることに注目してください。これは、タミーが友だちになりたいと思っている明らかなサインです。タミーは情報交換をして、興味があることを見つけることで、電話での会話が楽になるようにしています。例えば、タミーが犬を怖がっていた場合、リンダの家に誘ってもタミーは行くことをためらうかもしれません。

プランA

あなたの子どもは共通の興味を2つ見つけます。子どもが13歳になるまでは、電話の相手の子どもが家に来て遊ぶことを了解した後に、あなたは相手の子どもの親と遊ぶ約束の詳細を調整する必要があります。相手の子どもの親に電話をかけて、遊びの内容以外の詳細を決めます。例えば、遊びを始める時間と終わる時間、移動手段、どのようなおやつを用意するか、などです。あなたが相手の子どもの親に遊びの計画や気になることを伝えるほど、相手の子どもやその親は、あなたや子どもに安心感を持ちます。5・6年生の子どもには、自分たちだけで決めさせて、遊ばせようとすると思います。しかし、これは次の3つの理由で誤っています。

1. 相手の子どもとの約束を忘れて、その子どもを失望させるかもしれない。
2. 子どもが把握していなかったり忘れていたりする家族の予定があり、その予定と遊びの約束が重なるかもしれない。

3．家に誘った子どもがこちらの家に来ることを親に伝えておらず、その子どもの親を心配させてしまうかもしれない。

10歳のマークは、次の日曜日に誘った子どもが遊びに来ると母親に興奮して話します。マークの母親は、彼が自分の予定を管理できることを喜んでいました。約束の時間が来ましたが、誘っていた子どもは来ません。母親がその子どもの親に電話をしたところ、その子どもの親は遊びの予定を把握していませんでした。マークはとてもがっかりしました。

以下は、10歳のライアンがダレンと遊ぶ約束をして、その調整を母親に任せる例です。

ライアン：何をして遊ぶのが好き？
ダレン：ローラーブレードや、自転車に乗ることや、バスケットボールかな。
ライアン：バスケをするのが好き？　庭にバスケのネットがあるよ。
ダレン：うん。でも、ちょっとバスケットは飽きたんだよね。馬の乗り物で遊ぶのは好き？
ライアン：うん、好きだよ。馬で遊ぶか、自転車に乗るのかどっちがやりたい？
ダレン：馬で遊ぼう。
ライアン：分かった。お母さんが、ダレンのお母さんと話したいって。

母親たちはこの約束に関わります。ダレンが自転車で遊ぶことを選択した場合、ダレンの自転車とヘルメットを運ぶ手配をします。

10歳よりも年上の子どもは、電話の代わりに学校で直接に情報交換をします（もしくは（ＬＩＮＥなどの）インスタントメッセージを利用します。詳しくは11章を参照してください）。しかし、最終的な調整については、親がお互いに電話で確認をします。

プランＢ

子どもが共通の興味を見つけられない場合、プランＢを使います。電話の相手の子が話すことに興味がなかったり、何をして遊ぶのかを決められなかったりする場合には、子どもに別の子とこのステップを繰り返してもらいます。

いずれの場合でも、子どもが頑張ったことを褒めてください。この章の最後に、これらのステップをまとめます。

ステップ６：電話での会話の終え方を教える

ここまでは、電話の始め方と会話の内容に焦点を当ててきました。子どもは、遊びの予定を上手に計画することで、ごほうびを受け取ることができました。今度は、電話での会話の終え方を教え、子どもへの電話のエチケットの説明を完了します。これまで、あなたが最終的に遊びの予定を調整するために電話に出ていたので、子どもが電話での会話の終え方を学ぶ機会はありませんでした。そのため、電話の会話で、子どもが思った通りにしてしまうと、電話を突然に切るかもしれません。そのようなことにならないために、子どもに会話中の沈黙を待つように伝えます。このような沈黙は、どちらも話すべきことを話しつくしたことを意味しているので、会話を上手く終了する方法を考えることを教えます。例えば、「ちょっと今行かないとダメなんだ」、「宿題をするから」などです。子どもに、このようなカバーストーリーを一つ言わせ、「明日、学校でね」と言うように電話を切る挨拶をしてもらいます。以下は、母親がサマンサに電話の切り方についての準備をさせる場面です。

母親：サマンサがルイーズと電話をしていて、もう話すことがなくなったとしましょう。そうしたらどうする？
サマンサ：何と言っていいいか、分からない。
母親：そうね。もしルイーズも同じなら、そこからしばらくどちらも話さなくなるわ。
サマンサ：そうそう！
母親：そうしたら、何をするべき？
サマンサ：電話を切る。
母親：そうね。ルイーズの気持ちを傷つけずに、電話を切るにはどうしたらいい？
サマンサ：分からない。
母親：電話を切る理由を伝えよう。でも、もう話すことがない、ということだけは言わない方がいいわね。
サマンサ：もう行かなきゃいけないと言ったらいい？
母親：そうね。ずっと電話をしていることはできないからね。最終的には、寝たり、宿題をしたり、家のことを何かしなければいけない。次にしなくてはいけないことをなんでも言うことができるわね。

＊　＊　＊

情報交換のためのチェックリスト

ステップ１：留守番電話にメッセージを残す方法を教える。もし子どもがすでにその方法を知っている場合には次のステップへ。メッセージに次のことを残すことを教える。

・自分の名前
・電話をかけた相手の名前
・自分の電話番号

ステップ２：子どもと情報交換の練習をする。
・子どもは、自分と電話の相手の子が一緒にやりたい遊びを２つ見つける必要があります。

ステップ３：電話での行動ルールを設定する。
・真剣に電話をかけ、ふざけた言動はしない。
・長く電話をしすぎないようにする。
・電話では、話すこと、聴くことのどちらも行う。
・なぜ電話を切る必要があるのかという「カバーストーリー」をあらかじめ設定する。

ステップ4：電話をかける練習を始める。

・練習相手は、子どもと同じ年齢のいとこだと上手くいく。

・練習が上手く進むよう親戚に練習に参加してもらうか、練習を実際に近づけるように相手の子どもには練習のことは秘密にしておく。

・電話をかける時は内々に行う。あなた以外の家族は、電話を聞かないようにする。

・子どもが電話をかけ始めたら、ルールに従っていることを確認する。

・もしふざけた言動が見られたら、すぐに子どもにどう行動するべきかを思い出させる。もし子どもがそのような問題を続ける場合、電話をしている様子を監視できる距離まで近づき、その行動をやめさせる。

・子どもだけが話をしている場合は、子どもにオープン・エンド形式の質問をさせ、相手の答えを待ち、相手の答えを繰り返し、相手の答えに返答させる。

ステップ5：遊びの約束のために電話をかける。

・子どもに情報交換をさせる。

・プランA：もし子どもが相手との共通の興味を2つ見つけられたら、相手の子の親に電話を代わってもらい、遊びの内容以外の調整を行う。例えば、遊びを始める時間と終わる時間、移動手段、どんなおやつを用意するか、など。

・プランB：もし子どもが共通の興味を2つ見つけられなかったり、2人で何をして遊ぶかが決められなかったりする場合、子どもは別の子に対してこのステップを繰り返す。

次のステップ

おめでとうございます！　あなたが子どもに教えた聴くスキルは、人生を通してあなたの子どもを助けるでしょう。あなたの子どもは、新しく知り合った友だちと初めて遊ぶ約束をしました。次の章では、子どもが友だちと連絡を取る手段を拡げることを手助けします。12章では、友だちとの遊びが上手くいく秘訣を紹介します。

11　友だちとつながるために携帯のメールやLINEメッセージを使う

問題

・私の子どもの友だちは、携帯メールやショートメッセージやLINEを使って連絡を取り合ったり、計画を立てたりしています。私の子どももやりたがっています。しかし、私にはそれをどう活かせるか、それを使って、一日の子どもの行動をどう把握できるかが分かりません。

・私は子どものインターネット使用についても心配しています。私はどうするべきでしょうか？

背景：新しい技術を友だち関係に役立てる

私の息子が5年生の時、インスタントメッセージ（LINEのようなアプリ）は比較的新しく、またスマートフォン（携帯電話）によるメールはほとんどありませんでした。息子の友だちの多くがインスタントメッセージを使って日常的にやりとりし合っていることを知り、私は驚きました（息子はインスタントメッセージや

ＬＩＮＥを使用していませんでした）。息子は自分のパソコンをもっぱら学校の勉強のために使っていました。Ｅメールと違って、スマートフォンでのメールはすぐに送ることができます。多くの親たちが安全性のために（子どもの居場所を知るため、緊急事態の時のため）、子どもにスマートフォンを買い与えています。ＬＩＮＥメッセージは匿名で使うことができますが、一方でメールは所有するＰＣまでたどれます（Ｅメールで送られている限り）。ＬＩＮＥメッセージやメールを使うことによって、子どもはすぐに返事をする必要もなく、会話に参加するための時間を空ける必要もなく、友人や家族と会話を続けることができます。少なくともアメリカでは、10代の若者は電話で話すよりもメールやＬＩＮＥなどのインスタントメッセージを好むことが研究によって示されているように、年長の子どもや10代の子どもはテキストメッセージによるやりとりがとても便利と感じています[1]。

ＬＩＮＥメッセージやスマートフォンのメールによって、子どもは絶えず友だちや家族と関わり続けることができます[2]。私の息子は大学生になっても、国境を越えて高校時代の友だちと連絡を取っています。息子がオンライン上にいる時、友だちがオンラインになるとそのことが分かるようになっています。また友だちからのメッセージがある時にはアラーム音が鳴ります。息子はすぐに返事をするかどうか、それとも作業の合間の休憩の時まで返事をしないでおくかどうかを決めることができます。

テキストメッセージはスマートフォン（携帯電話）から発信されるため、子どもや10代の若者はどこにいても送ることができます[3]。

問題の解決：子どもがLINEメッセージのアカウントを設定し、インターネットを安全に使用できるように手伝う

LINEメッセージのアプリをインストールし、入手してからの手順は次の通りです。

ステップ１：子どもやパソコン（スマートフォンやタブレット）を保護する

スパイウェアのブロックと、不適切なウェブサイトに対するフィルタリング機能を確認し、不適切な連絡先が子どもの元に届いたり、不要なプログラムが侵入したりしないようにします。インターネットサービスのプロバイダーやスマートフォンの契約であなたが独自で利用できるセキュリティ対策もあります。子どもがEメールやLINEメッセージのアカウントを作る前に、それらをインストール・設定しましょう。親が子どものスマートフォンの着信を監視し、オプションをブロックできるようにするためのアプリも利用できます。

ステップ２：パソコンやスマートフォンの使用についてルールを決める

子どもが初めて子ども部屋ではなく、家族みんなが使う部屋に子どものパソコンやタブレットを設置します。子どもが初めてパソコンを持つ時は、子どもが興味を持つような、子ども向けのサイトを見つけるのを手伝ってあげましょう。子どものお気に入りサイトと一緒にこれらのサイトをブックマークして、子どもが簡単にそのサイトを再度閲覧できるようにします。インターネットアクセスやスマートフォンの使用について特定のルールを設定しましょう。

スマートフォンのルールについての提案

・お金のかかるコンテンツはダウンロードしない。
・家族で食事している時はスマートフォンを使用しない。
・電話でやりとりするのは特定の人だけにする。
・学校の成績が落ちなければ、スマートフォンを使える。
・嫌がらせをされる時には、電話には出ずに親に言うこと。この場合には、スマートフォンを取り上げることはしない（スマートフォンを取り上げられる不安は、子どもが電話での嫌がらせを親に報告しない主な理由です）。
・夜は親がスマートフォンを管理する（これによって、親が電話を監視することができる）。

パソコンやタブレット使用についてのルール

・パスワードや住所、他の人の名前や住所、通っている学校名や場所といった個人情報を親の了解なく流出させない。
・自分の写真を誰かに送らない。
・親の了解なくソフトウェアをダウンロード、インストールしない。
・インターネットは、知り合いの人と話すことには便利である。しかし、もしかしたら、オンラインで見えている姿と実際の姿が違っているかもしれないので、新しい人と出会うには不向きである。10代の女の子だと言っていた人が40歳の男性である可能性もある。オンラインで本当だと思っていることが、本当ではないこともあると覚えておくこと。

・親に相談なく、絶対に、オンラインで知り合った人と直接会ってはいけない。
・相手に会いにいく、家に来てもらう、お金やクレジットカードの情報を送ることについて相手から言われたら、親に相談する。
・必ずしも相手に返信しなくてよいし、やりたくないことはやらないでよい。相手とのやりとりで嫌な気持ちになった時は親に相談する。

これらの内容をパソコンの横に掲示しておきます。子どもが初めてインターネットにアクセスする時は、子どもの注意をしっかりと引きつける最善の機会ですので、子どもに前述のルールを再確認させます。

ステップ3：LINEメッセージのハンドルネームを付けるのを手伝う

LINEメッセージのハンドルネームによってアイデンティティが生まれるので、ハンドルネームは重要です（本名でなくて構いません）。名前は非公開であり、自分がやりとりしたいと思った相手にだけ教えられることを子どもに伝えます。ハンドルネームは本人が特定されないような名前にすべきです。子どもの好きなハンドルネームを作る際、子どもの好き好きですが、名前の前後に数字を入れることもできます。

ステップ4：LINEメッセージのエチケットを教える

インターネットにおけるエチケットは曖昧です。第一印象を良くするために、子どもに教えておくルールがあります。

・相手が読みやすいように短いメッセージを送る。
・冗談や皮肉は言わない。スマートフォンの文字で冗談や皮肉を伝えることは難しいです。
・電話と同じように「バイバイ」を言う（10章参照）。

父親が５年生の娘にこれらを教える例を示します。

父親：ＬＩＮＥメッセージで、友だちとどうやりとりしたらいいか知ってる？
アネット：うん。言いたいと思ったことをパソコンで打つだけでしょ。
父親：そうだね。じゃあエマにメッセージを送ってみて。
アネット：こんな感じかな。
父親：とてもいいね。真面目な文章だ。ＬＩＮＥメッセージでは冗談を送っても相手に伝わらないからね。アネットのメッセージが短いところも、ＬＩＮＥメッセージにはとても合ってるよ。では、エマにメッセージを送って、返信を待とう。
アネット：［５分程度エマとやりとりし、父親のところに戻ってきた］終わった！　次はどうしたらいい？
父親：電話のように、「バイバイ」を言うんだ。今日はもうやりとりを終えなければいけないこと、明日また会おうということを伝えよう。

他にもこんなルールもあります。

・初めてLINEメッセージを利用する人に対して優しく、友好的に接する。初めて利用する人は、何を言うべきか、何をするべきか分からないかもしれない。
・しばらくの間、パソコンから離れる時は友だちにあなたが不在であることを知らせることで、相手が自分とやりとりをするために不必要に時間を使わないようにできる。

ステップ5：子どもに、自分を守る方法を教える

ＬＩＮＥメッセージのブロックする方法を子どもに教えましょう。避けたいと思っている子どもをブロックすることで、オフラインのように見せることができます。これは失礼な相手に対しても効果的です。

ステップ6：子どものスマートフォンやパソコンの使用を監視する

子どもの友だち全員を知ることと同じように、子どものオンラインの友だちのことも知っておきましょう（15章参照）。子どもが一人でネットサーフィンしている場合は、時々ブラウザの履歴をチェックして、子どもが何を閲覧しているのかを確認します。通話履歴を見れば、スマートフォン（携帯電話）の通話状況を確認できます。あなたの子どもがインターネットを長い時間、特に深夜に使用している場合は、監視を強化します。

ステップ7：以前遊んだ子どもに対して、オンラインまたはテキストメッセージで遊ぶ約束をするように勧める。ただし、最終的な調整はあなたが行う

子どもは、友だちの予定が入る前に、（遊びの約束が週末だったとしても）週の始めには遊びの約束をする必要があります。子どもはあなたに、約束した日時に遊んでも大丈夫かどうかを尋ねます。あなたは子どもの友

だちの両親に確認の電話をかけ、友だちの親がその遊びの約束を認めていることを確かめます。

次のステップ

子どもが友だちと連絡を取り続けるために、そして遊びに誘われ続けるために、あなたは安全な方法でインターネットにアクセスできるように、子どもを手伝ってきました。あなたの子どもが、これから何年にも渡って友だち関係を維持するうえで、必要なツールを提供できて、とても良かったです。子どもが、楽しい遊びや友だちとの集まりを計画できるように、子どもを手伝う方法を学ぶには、次の章を読んでください。

12 遊びを楽しむ

問題
・どうしたら子どもが遊びの中で楽しい時間を過ごせるようにできますか？
・遊びを失敗しないようにするにはどうすればいいですか？

背景：遊びを楽しむことを邪魔する要因

一対一の「遊び」は、友だち関係を育むために最も良い方法です。自宅での遊びは、他の子どもたちと一緒にいる時の子どもの様子を観察する最高の機会です。遊びは子ども双方にとって、親密な関係を築き、その後も続く楽しさを得るとても良い機会となります。成長した子どもたちは、「集まり（get-togethers）」（成長した子どもたちは自分たちで集まることをこう呼びます）によって友だち関係が深まるにつれて、お互いに信頼し合えるようになります。さらに、家の中で遊ぶことは外で遊ぶよりも、次の3つの理由で良いと言えます。それは、外で遊ぶと他の子が遊びを邪魔してくるかもしれないこと、他の子が遊んでいるのを見て遊びに入れてもらえなかったと傷つくかもしれないこと、子どもが他の子どもにいじめられていた場合、いじめっ子は他の子どもとあなたの子どもが遊ぶのをやめさせようとしてくるかもしれないこと、という３つです。理想的には、子どもは2人以上の親友がいる方が長期的な適応力が高く（一人の親友を独占しないため）、それ以上多くの親友を持っていても長期的な適応力に大きな影響を与えることはありません[1]。

遊びを妨害するものは主に３つ、イライラ、退屈、競争です。子どもが友だちを遊びに招く時には、次のステップで説明するような入念な計画を立てることで、イライラと退屈を防ぐことができます。第３の障害である競争については、次の章で扱います。

問題解決：遊びの時のイライラや退屈を避ける

入念な計画を立てることで、子どもたちは遊びをより楽しむことができます。タイミングによってステップを次のようにグループ分けしました。

- 遊びの計画（少なくとも予定されている数日前）
- 友だちを迎える直前
- 遊びの最中
- 遊びの後

遊びの計画

ステップ１：誰を遊びに誘うかを子どもと一緒に決める

子どもは、あなたのサポートを借りて自分で遊び相手を選ぶ必要があります。

7歳のサラは隣に住んでいる同い年のジョアニーと週に2～3回遊んでいます。彼女は些細なことで頻繁にジョアニーと喧嘩になります。彼女はほとんどの時間、特に遊びに行った直後はイライラしていることが多いです。サラとジョアニーの遊びは、普段ジョアニーの母親が用事を済ませる間の数時間、サラの家に立ち寄った時に始まります。

サラの母親は自宅のオフィスで働いていて、ジョアニーの母親からサラを遊びに連れて行きたいと申し出があったことはありませんが、サラの母親は少なくともサラに遊び相手がいるのだからと考えてこの遊びを続けさせています。しかし、サラの母親は遊び相手を選ぶ際の基本的なルールを、守っていませんでした。彼女はサラにジョアニーと遊びたいかどうか尋ねたことがなかったのです。驚いたことに、母親が尋ねた時、サラは強く「いや！」と答えました。サラの母親は子どものために大きな方向転換をしなければなりません。

サラの母親は、無料でベビーシッターをしてほしいというジョアニーの母親のリクエストを丁重に断りました。そして、サラが一緒に遊びたいと思う子を招待するようにしました。2カ月も経たないうちに、サラの遊びは成熟した、優しい、陽気なものになっていきました。サラが友だちを呼んだ時にサポートを必要とせず、また、頻繁に友人の家に招待されるので、母親は前よりもたくさんの仕事ができるようになりました。

子どもが遊びに誘われた時にも、同じようなトラブルを未然に防ぐことができます。子どもと確認しながら、丁寧に誘いに対応しましょう。ここでは、アンドリューの母親がリチャードの母親からの電話をもらった時に、どのように実践したかを示します。

リチャードの母親：アンドリューが明日の放課後に遊べるかどうか、リチャードが聞きたいみたいなの。

アンドリューの母親：あら！　ええ、アンドリューに確認してみるね。［電話に聞こえないように、アンドリューに尋ねる」明日の午後、リチャードと遊びたい？

プランA
アンドリューがリチャードとは仲良くないと言う場合、電話の会話はこのようになります。
アンドリューの母親：明日は難しいみたい。また都合が良さそうな時にこっちから連絡してもいい？
リチャードの母親：分かったわ。
アンドリューの母親：お電話ありがとう。

アンドリューの拒否は一時的なものかもしれず、母親は丁寧に対応したので、関係を途切れさせずにすみました。もし、アンドリューがリチャードと遊ぼうと気が変わったら、アンドリューの母親が電話をして、遊ぶ約束を提案することになります。

相手の親が間違ってしつこく誘ってくることもあり、常に気持ちを傷つけずに断るのは難しいかもしれません。ミアは娘のアナベルのために同じ園のレイチェルをいつも遊びに誘ってきます。園ではほとんど一緒に遊んだことがなく、興味のあることも違うようなのですが。レイチェルの両親は丁寧に何度か断りましたが最終的に誘いを断り切れず、アナベルとレイチェルは一緒に遊びました。しかし、上手くいきませんでした。子どもたちは喧嘩し、一人で遊ぼうとするのです。レイチェルはアナベルともう一回遊びに行きたいと言いますが、その後、園でもアナベルと遊ぶことはありませんでした。ミアからは遊びの誘いが続きます。レイチェルの母親は、ミアの気持ちを傷つけないように、地域の児童館のコンサートを聴きに行く時に一緒に遊ぶことにしました。その場で、アナベルとレイチェルが全く遊ばない様子を見て、ミアはやっと2人は遊ばないのだ、ということを理解したのでした。

プランB

アンドリューが受け入れれば、アンドリューの母親がそのことを伝えます。

アンドリューの母親：時間も空いてるし、アンドリューも一緒に遊びたいみたい。いつ行けばいいかな？

あなたの子どもが招待されている場合は、遊ぶ場所まで子どもを送迎することが望ましいでしょう。

ステップ2：相手の子どもの保護者と遊びの日を調整する

子どもが友だちを家に招待した直後に（電話でもメールでもLINEメッセージでも、10章と11章を参照）、電話をするか、相手の子どもの保護者と直接話してみましょう（子どもが中学生になるまでは、そうするべきです）。あなたがずっと一緒にいることができるように遊びの予定を調整しましょう。あなたがしっかりとサポートをできる場合にのみ、子どもに遊びに誘ってもらいましょう。遊びはとても重要なので、サポートの仕方を知らない人に任せるのはやめましょう。

あなたの役割は、日時を設定し、相手の子の保護者と一緒に交通手段やおやつの手配をすることです。遊びの日を設定するために電話をする時に、ほどよい長さの時間になるようにしましょう。

6歳のジョーイは、コンラッドが初めて遊びに来てくれることにとても喜んでいます。遊びの始めに、ジョーイの母親は、どのくらいの時間遊びたいか、コンラッドに尋ねました。コンラッドは「一日中」と答えました。コンラッドの母親は、新しくできた友だちのジョーイやその母親の気分を害するのは本意ではなかったため、これに同意しました。ですが、2時間後、少年たちは遊びに飽きて、コンラッドは家に帰りたがりました。しかし、買い物に出かけたコンラッドの母親は携帯電話の電源を切っていて、連絡が取れなくなってしまいました。ジョーイの母親は、子どもたちがやりたくもない活動を提案しながら、残り時間を過ごしました。

あなたが招く側（ホスト）の親でも招かれる側（ゲスト）の親でも、最初の遊びの時間は、子どもたちが過ごせると思うよりも短い時間を設定してください。通常は1～2時間程度が最適です。遊びが短時間で成功すると、どちらの子どももまた遊びたくなります。何回か上手くいった後、遊び時間を徐々に長くしていきましょう。コンラッドの母親は以下のようにしました。

コンラッドの母親：［ジョーイの母親に向けて］いつコンラッドを迎えに来ればいいかな？
コンラッド：一日中いたい！
コンラッドの母親：［コンラッドに向けて］ジョーイと遊ぶのを楽しみにしていたんだろうけど、今はジョーイのお母さんの都合が知りたいの。
ジョーイの母親：数時間後でも大丈夫よ。
コンラッドの母親：それなら、1時間半後に電話して様子を見て決めようか？
ジョーイの母親：それがいいわね。

コンラッドの母親は、子どもたちが遊び飽きていないかどうかを確認するために、1時間半後に電話します。

遊び飽きているようだったら、コンラッドを迎えに行きます。子どもたちは楽しい時間を過ごし、また会いたいとも思っているので、この取り決めに不満を持つ人はいないでしょう。ジョーイの母親は遊びを負担とは感じず、今度はコンラッドがジョーイを遊びに招いたとしても、自分の息子は大丈夫だろうと自信をもつことができます。

ステップ3：きょうだいは別の場所ですることがあるようにしておく

一対一の遊びにきょうだいの居場所はありません。次の2つの状況を考えてみましょう。

7歳のアーリーンは、土曜日の午後にジェーンが初めて遊びに来ることを楽しみにしています。2人はアーリーンの大事なコレクションである馬のおもちゃで遊ぶ約束をし、ジェーンはアーリーンが持っていないアクセサリーを持ってくるのです。ところが、ジェーンが到着してすぐに、アーリーンの3歳の弟サムが、ジェーンの持ってきた新しいおもちゃに興味を持ちました。典型的な3歳児がそうであるように、サムは遊びに加わりたがり、ダメだと言っても聞き入れませんでした。アーリーンは怒り、ジェーンは困ってしまいました。2人で遊ぶのではなく、サムのベビーシッターをしなければならなくなってしまったのです。2人は楽しみにしていた特別な時間を過ごすことができませんでした。

9歳のキャロラインは、サマンサの家で遊ぶのが楽しみではありませんでした。なぜなら、11歳のサマンサの兄はいつも2人をからかい、2人が作ったものを壊してしまうからです。住み込みのベビーシッターは、兄に言うことを聞かせることができませんでした。

親の中には、年上や年下のきょうだいが遊びに参加することを期待するという過ちを犯したり、子どもたちだけで過ごしてもらうために放っておいたりする人もいます。親にとっては都合の良いことが増えるかもしれませんが、親密な友人関係を育むことは子どもにとって大切なことであり、そのような関係を作るには、２人だけで邪魔されずに遊ぶことが最も大切です。きょうだいの対応について少し余分に計画を立てることで、イライラする経験を避けることができます。ここでは、遊びに友だちを招待する時のいくつかのポイントを紹介します。

- 遊びの間は、きょうだいに子ども部屋を使わせないようにしましょう。これは、必ず守らせましょう。
- 同じ時間にきょうだいの遊びができるように予定を立てましょう。一人はあなたの家、もう一人（きょうだい）は、友だちの家でというのが皆にとってやりやすいでしょう。
- きょうだいには、遊びの時間にできる活動（例えば、ビデオを見せるなど）をさせておきましょう。弟や妹をずっと離しておくことができないのであれば、遊びの時間を短くしましょう。
- 保護者のうち一人が遊びを見ている間、もう一人の保護者がきょうだいをおでかけに連れて行くなどしましょう。

年齢が近い子どもが2人いる場合であっても、２人の子どもが同じ子どもと同じ家で遊ぶ誘いは絶対に受けないようにしましょう。子どもはそれぞれの友だち関係を持つことが必要です。

友だちを招待する遊びの直前

ステップ４：遊ぶ場所を片づける

子どもたちには、整理整頓された遊び場が必要です。通常は子ども部屋、裏庭、またはアパートに隣接した共通の遊び場です。子どもは、自分自身で散らかしたものであっても、散らかった部屋で遊ぶのが好きではありません。親は裏庭の犬のフンを拾ったり、遊びの直前に子どもの部屋を片づけるのを手伝ったりして、遊びが始まるまでに遊ぶ場所をきれいにしておくようにしましょう。ここでは、父親が遊びの1時間前に娘に片づけをさせる方法をご紹介します。

父親：シーラとは何をして遊ぶことにしたの？
カーリン：私の電車のセットで遊ぶことにしたよ。
父親：今、この部屋にはきれいに遊べる場所がないね。床に落ちている服を拾って洗濯カゴに入れないといけないね。
カーリン：もう疲れた。お父さんがやって。
父親：手伝うけど、カーリンも片づけないといけないよ。
カーリン：［父親がやってくれるのを待つ］
父親：下着を拾ってほしいね。お父さんは靴下を拾うよ。まず下着を拾ってもらえるかい。［カーリンはそのようにする］シーラはこの部屋で遊ぶのが楽しいだろうね！　次は雑誌を拾って。お父さんはシールを拾うよ。

以下は、掃除に役立つガイドラインです。

・片づけに十分な時間を確保しましょう。

・スムーズに進めるため子どもの片づけを手伝いましょう。
・部屋を片づけたがらないとしても、遊ばせないと脅すようなことはやめましょう。

ステップ５：子どもが良いホスト（招く側）になるための準備をする

ここでは、あなたと子どもが友だちを迎える準備をするための３つのヒントをご紹介します。

・特に幼稚園児と小学１年生の場合は、遊びに疲れた時に出すおやつをいくつか準備しましょう。もっと年齢が上の子どもたちも、おやつ休憩と親からの注目を喜ぶでしょう（それに、子どもたちが何をしているのかを簡単に確認することができます）。
・交流が少ない活動は禁止にしましょう。子どもは、テレビを見たりゲームをしたりするためだけに家に来るような友だちを必要としているわけではありません（２章参照）。子どもがテレビやゲームで、遊びの時間を無駄にしないようにするのはあなたの役割です。また、子どもが携帯電話を使えないようにしてください。
・子どもが友だちと共有したくないと思っているおもちゃや、壊れるかもしれないおもちゃは、事前に片づけさせましょう。それ以外の部屋に残しているものは全て共有しなければなりません。

遊びの最中に

ステップ６：子どもを見守るが、自分は参加しない

子どもがいい雰囲気の一対一の「遊び」や「集まり」でもてなしている時、あなたは時々相手の子どもを知

るために簡単なおしゃべりをする以外は裏方でいます（15章を参照）。あなたの子どもと友だちは、家の中か、近くにいる必要があるので、あなたは何が起きているか聞くことができます。声が聞こえる距離にいましょう。おやつを出したり、きょうだいを遠ざけたり、自分たちで解決できない喧嘩を解決するために介入したりする準備をしておきましょう（これが問題の場合は13章を参照）。言い換えれば、あなたは子どもと友だちがイライラするような経験をしないように手助けをするのです。

友だちと楽しく過ごすことは基本的に子どもがやるべきものなので、相手の子に話しすぎないようにしたり、出ていったりしないようにするのがあなたの役割です。

イアンとジョシュアはどちらも11歳で、「集まり」を始めたばかりです。3回目の集まりの時に、ジョシュアの父親が2人に映画を見に行きたいかどうか尋ねました。2人とも興奮し、3時間の集まりは、映画館までの車での往復と、2時間の静かな映画鑑賞で構成されることになりました。2人は（車の中で）20分ほど話しましたが、ジョシュアの父親が2人に質問ばかりしてくるので、話したいことを話せませんでした。結果的にお互いのことをよく知ることができず、この時間は残念な機会になってしまいました。イアンとジョシュアは、お互いにどんな遊びが好きなのか知ることができませんでした。ジョシュアの善良な父親は、遊びを乗っとってしまい、多くの時間を割いてくれましたが、子どもの友だち関係を育む助けにはなりませんでした。

子どもが友だち関係を築いている段階では、映画やその他の外出は、親の有無にかかわらず避けましょう。これらの活動は、すでに友だち関係を築いていて、特別な存在である親しい友だちからたまに誘われる外出には適しています。しかし、これらの活動は新しい友だち関係を築くのにはあまり適していません。

ステップ７：お迎えの時に相手の親と知り合いになるよう試みる

お互いのことを知ることは、招く側と招かれる側、両方の親にとってメリットがあります。毎回の遊びの最後に、相手の子どもの親と軽いおしゃべりをすることで、遊びの様子を気にかけていることや、相手の親子と距離を縮めたいと思っていることが伝わり、今後の遊びの予定が立てやすくなります。

あなたの子どもが招かれた側の場合は、あなたの子どもに招待してくれたことへの感謝の気持ちを伝えさせるようにしましょう。カーリンの家で遊んだあとの典型的な会話は次のようなものです。

シーラの母親：上手くやれていた？

カーリンの母親：とても良かったわ。カーリンはシーラと楽しい時間を過ごしたし、２人とも仲良く遊んだの。シーラはとてもお行儀の良い子ね。

シーラの母親：次はカーリンも遊びに来てね。

カーリンの母親：カーリンも喜ぶと思うわ。

カーリンの母親はシーラのことを褒め、シーラも母親もありがたく感じました。これなら、次にシーラとカーリンが一緒に遊ぶ時にも、より楽しくより気軽に声をかけることができるようになるでしょう。

相手の家の前に車を停めて、親が車から降りることなく子どもを車に乗せて行ってしまうダメなやり方もあります。そのような「パッと行ってパッと帰る作戦」を見たことがあるかもしれませんが、それでは親が子どものことを気にかけているのかどうか疑問です。

遊びの後で

ステップ8：遊びがどのように行われたかを尋ねる

子どもが相手の子どもと遊ぶのが楽しかったかどうか確認する一番の方法は、子どもに「またあの子と遊びたいか」と個別に聞くことです。その答えを参考にして、今後の遊びの計画を立てましょう。子どもが遊んでいる間に上手くやれていたことを褒めてあげるのを忘れないでください。

あなたの子どもが招く側の場合は、子どもたちが何をしているのかが分かるように、声が聞こえるところにいてください。子どもが招かれる側の場合は、帰りに遊びの様子を聞いてみましょう。遊びの詳細についても聞いてみることで、あなた自身の評価をすることもできます。あなたは、子どもの友だちのことと、子どもがどのように過ごしたのかということに関心を持っていると示したいのです。ここでは、コンラッドと母親の会話例をご紹介します。

母親：楽しかった？
コンラッド：うん。
母親：何をして過ごしたの？
コンラッド：レゴで遊んだ。
母親：何を作ったの？
コンラッド：僕は砦を作って、ジョーイが大砲を作ったんだよ。
母親：他には何をしたの？
コンラッド：歩道を自転車で登った。

母親：ジョーイとまた遊びたい？

コンラッド：うん！

楽しい遊びになったようですね。２人の男の子は一緒にレゴで遊んだり、自転車に乗ったりしました。ただ座ってテレビを見ているだけではなかったのです。

ステップ９：子どもが好きな友だちをこちらからも遊びに誘う

遊びをこちらから誘い返すのは、親にとって思いやりであり礼儀です。あなたの子どもが一緒に遊ぶのが好きな子どもの親に対してだけ、誘い返した方がよいでしょう。子どもが楽しんでいない場合は、次の約束をしないようにしましょう。

親が誘い返すことで、２人の子どもが集まることの負担の一端を各家庭が担うことになります。なんと言っても、それは大変なことなのです。ほとんどの親は、子どもが友だちを作ることはサポートする価値が十分あるものだと感じています。ここでは、遊びの約束をし合う3つのパターンについて、適切な対応を紹介します。

プランA

友だちと遊ぶ約束をした場合、招かれた側の親は、次は自分の家でやる遊びの予定を立てることをすぐに伝えます。「ジョーイにもうちに遊びに来てもらわなくちゃ」といったあいまいなメッセージを伝えます。あなたが招いた側の場合は、「それはいいね。また電話して」と伝えましょう。一緒に遊びたいかどうかを子どもにこっそりと確認することで、具体的な誘いに適切に対応できます。

遊びの日を交代で行うことは、厳密に五分五分である必要はありません。子どもによっては違った方がよいこともあります。

プランB

遊び相手が誘いには応じてくれるのに、向こうからは誘ってくれない場合は、無料のベビーシッターとして利用されているのではないかと疑ってしまうかもしれません。最悪なのは、相手の子どもからあなたへの連絡が遅れて、しかも断られることが多い場合です。ものすごく遊びたいという時にしか誘いを受けてくれないのでは、と疑問に思うでしょう。このような状況を続けないようにしましょう。

親子で誘いを快く受け入れてくれて、すぐに返事をくれ、遊びに行くのを喜んでいるようであれば安心です。この場合、親が誘い返してくれない理由には、それなりの理由があると思われます。両親のどちらもフルタイムの仕事をしているのかもしれません。あるいは、大家族で、両親が子どもたちの活動を全てスケジューリングする時間がないのかもしれません。

7歳のアレンは学校ではとても活発です。彼はいつも笑顔を絶やさず、いつもいろんなグループの男の子と一緒に遊んでいます。男の子たちは彼と一緒に遊ぶのが好きです。しかし、アレンは、放課後は12歳の姉や14歳の兄と遊ぶことに甘んじなければならない状況にありました。アレンの両親は、人気者の姉と兄のために大変な努力をしてきました。姉と兄は友だちがいつも遊びに来たり、他人の家に招待されたりしてきました。しかし、アレンの両親は忙しすぎて、アレンのために積極的に遊びを調整する役目を果たせていませんでした。

もしあなたの子どもがアレンのことを好きであれば、アレンは子どもと遊べるでしょうし、アレンの両親はきっとうれしく思うはずです。子どもがアレンの家に招待されていないことを悪く思わないようにしましょう。最終的には招待されるかもしれませんが、まずは自分から誘い、向こうからの招待を期待しないようにしましょう。アレンの両親は、ほとんどの場合、あなたがしてくれていることに申し訳なさを感じ、最終的にはあなたの子どもを家に招待してくれるでしょう。

プランC

遊び相手がほとんど、あるいはずっと遊びの誘いを断っていて、遠くに住んでいる場合は、車の運転をしないようにするために断っている可能性があります。この場合は、近所の子どもを探してみましょう（4章と5章参照）。誘いを2回断られ、向こうからも誘いがない時には、その相手を誘うのはやめましょう。

あなたの子どもを家に招待することがないけれども、同じ地域の他の人と遊んでいるという家族がいる場合、そしてこれが多くの子どもに起こっている場合、あなたの子どもが上手く振る舞うことができていない、ということの丁寧な表現なのかもしれません。13章で親切なホスト（招く側）のルールを練習する時間ですね。

＊　　＊　　＊

この章ではたくさんのヒントをお伝えしました。以下のチェックリストは、これらをまとめて考えるのに役立ちます。

基本的な遊びのチェックリスト

遊びの計画

ステップ１：誰を遊びに誘うかをあなたの子どもと一緒に決める。

・子どもが電話をして情報交換をします。

ステップ２：友だちの保護者と直接、遊びの約束を設定する。

・あなたが家で見ていられる時だけ遊びに友だちを招く側になりましょう。

・最初は１、２時間の遊びが最適です。

ステップ３：きょうだいは別の場所ですることがあるようにしておく。

・遊びの間は、きょうだいに子ども部屋を使わせないようにしましょう。これは、必ず守らせましょう。

・同じ時間にきょうだいの遊びができるように予定を立てましょう。一人はあなたの家、もう一人（きょうだい）は、友だちの家でというのが皆にとってやりやすいでしょう。

・きょうだいには、遊びの時間にできる活動（例えば、ビデオを見せるなど）をさせておきましょう。弟や妹をずっと離しておくことができないのであれば、遊びの時間を短くしましょう。

・保護者のうち一人が遊びを見ている間、もう一人の保護者がきょうだいをおでかけに連れて行くなどしましょう。

遊びの直前

ステップ４：遊ぶ場所を片づける。

・片づけに十分な時間を確保しましょう。
・スムーズに進めるため子どもの片づけを手伝いましょう。
・部屋を片づけたがらないとしても、遊ばせないと脅すようなことはやめましょう。

ステップ５：子どもが良いホスト（招く側）になるよう準備をする。

・おやつの準備をする。
・ケータイやテレビ、ゲームなどコミュニケーションを必要としないものは禁止にしましょう。
・子どもが共有したくないと思っているおもちゃや壊れるかもしれないおもちゃは片づけさせましょう。
　それ以外の部屋に残しているものは全て共有しなければなりません。

遊びの最中

ステップ６：見守るが参加はしない、離れたところで聞いている。

・タイミングよくおやつを出せるよう準備しておきましょう。

ステップ７：迎えの時に、友だちの親と知り合いになるよう試みる。

遊びの後

ステップ８：遊んだ相手とまた遊びたいかどうか、子どもに個別に聞く。遊びの間に上手くできたことを褒めよう。

ステップ９：子どもが好きな相手を遊びに誘い返そう。

次のステップ

遊びが上手くいき、子どもが親しい友だち関係を育んでいるのであれば、安心してください。子どもは仲良しの友だちを作る途中にいます。遊びが長続きせず、あなたが頻繁に喧嘩の仲裁をしなければならなかったり、遊びに来てくれた子が２回目にはもう集まりたくないと言ったりする場合には、13章で、子どもに良いホスト（招く側）のルールをどうやって教えるか紹介します。

13　良いホストになる

問題

・子どもが誰かを遊びに誘った時に、どうしたら子どもを友だちに親切に、友だちと関わって遊ばせることができるでしょうか？
・どうしたら、子どもが友だちとより楽しく、喧嘩をなるべくしないで過ごすことができるでしょうか？

背景：良くないホスト（招く側）

いくつかの研究では、以下の状況で、子ども同士がとても仲良くなれることが分かっています。

・何をして遊ぶかがすぐに分かる。
・喧嘩をせずにいる、またはすぐに解決する。
・お互いに傷つかないよう互いの気持ちを大事にする。[1]

良くないホスト（招く側）は、何をして遊ぶのかを一緒に決めるのが難しかったり、喧嘩になってしまったり、友だちの気持ちに無頓着だったりします。そのため、仲の良い友だちを作ることが難しく、校庭で一人で過ごすということになってしまいます。

1年生のケイティはホスト（招く側）、ローレンはゲスト（招かれる側）だったのですが、2人は初めて自宅で遊ぶ約束をしました。ケイティはローレンに、遊びの間中、全てのゲームのルール（それはケイティが勝手に作ったものですが）を教えました。ローレンは、おとなしくケイティの指示に従っていました。

ケイティは、ローレンが遊びに来てくれたことにとても興奮していましたが、何度かかんしゃくを起こすことがありました。それは、ローレンがゲームに勝ったり、ケイティの思うようなルールにきちんと従ってくれなかったりした時で、ケイティは怒って、ローレンに怒鳴りつけました。

遊びが終わって、ローレンの母親が楽しかったか聞くと、「楽しくない」とローレンは答えました。

ケイティの視点では、遊びとは自分が遊びたいゲームで遊ぶ時は自分が主導権を握ることです。ぬいぐるみで遊ぶならそれができますが、それならローレンは必要ありません。友だちは、良くないホスト（招く側）ともう一度遊びたいとは思いません。しばらくすると、ホスト（招く側）が上手くできないケイティは友だちと遊ぶ機会を全て失い、誰からも家に招待されなくなってしまいます。ケイティは、主導権を握るボスではなく、どうしたら良いホスト（招く側）になれるかを学ぶ必要があります。

これから、友だちと喧嘩になったり、威張りたがったりする子どもの遊びを親が少しずつ上手くサポートできるようにしていきましょう。親のサポートや計画を通して、子どもに、遊びはとても素敵なものだということを教えてあげましょう。親は、少し後ろで見ていて、大事なタイミング（教えてあげることができる瞬間）

で一歩前に出て、適切な方法を教えてあげることで、子どもに効果的な社会的スキルを身につけさせ、子どもと友だちが楽しく遊べるようにすることができるでしょう。

問題を解決する：遊びでの衝突を回避する

遊んでいる時に、友だちとよく衝突してしまう子どもたちは、手助けを必要としています。まず、遊びは、あなたがいつでもどこでも子どもたちの様子を見ていられる自宅で遊ぶことから始めてみましょう。それから、誘う友だちは、行儀の良い子どもにしましょう。これから、遊びの前と遊んでいる最中に何をするか、また、あなたの子どもが他の子どもからの誘いを受ける準備ができた時にどのように伝えるかを説明します。12章で示したステップの順番と一貫性を持たせるために、この遊びに関する追加のステップは続きの番号で提示しています。

遊びの直前

ステップ４：友だちと共有したくないゲームやおもちゃを片づける

面白いことに、友だちと共有したくないゲームやおもちゃを片づけることは、特に、５歳から９歳頃の子どもにとっては、友だちと共有するという行為を促進させます。

６歳のジェームスは、その日の早い時間に父親と一緒に作った模型船をとても気に入っていました。彼の友だちのジェフリーがその日の午後家に訪れた時、ジェームズはジェフリーにその模型を見せたがりました。しかし、ジェフリーがもっと近くでその模型を見たがると、ジェームズは「触らないで！」と叫び、ジェフリーに対してそのあともずっと怒っていました。これは、ジェフリーが模型船に興味がなくなるまで、ジェームズとジェフリーとの間の衝突の火種になり続けていました。

他の家族が、あなたを夕食に招待してくれた時のことを想像してみましょう。家のあらゆるところに、とても美味しそうな前菜がお皿の上に魅力的におかれていても、彼らはあなたにそれを食べていいよと言ってくれないのです（さらにいうなら、触らないように言ってくるのです）。招待された子どもが、とても素敵なおもちゃを見せられて、招待した子どもに触ってはいけないと言われるのも同じことです。

それから、あなたの子どもが大事にしているものがあります。遊びの直前に、あなたの子どもが友だちとは共有したくないと思っているおもちゃを片づけましょう。それ以外のおもちゃは、友だちと共有しなくてはいけません。これは、子どもと一緒に行いましょう。

母親：ジェフリーは、あと15分ほどでおうちに来るよ。ジェフリーに触ってほしくないおもちゃはある？
ジェームズ：今朝作った模型船を見せてもいい？
母親：もし、ジェフリーにその船を見せたら、ジェフリーにそれで遊ばせてあげなくてはいけないよ。それでも大丈夫？
ジェームズ：いや！　絶対にジェフリーはぐちゃぐちゃにするもん！
母親：じゃあ、今片づけちゃおう［母は、自分の寝室のクローゼットの中に、その模型船と、その他にジェームズが共有したくない3つのおもちゃと一緒に片づけるのを手伝います。2人が遊ぶためのおもちゃとしてジェームズが何を残しておいたかを見ておきます］。ほら、ここにジェフリーが気に入りそうな、いいおもちゃがあるじゃない！

遊ぶ時には、テレビやゲーム、その他全くコミュニケーションを必要としないようなおもちゃは禁止しましょう。もし、招待した友だちがそれらをやりたがった時は、子どもから「お母さんに、友だちが遊びに来た時はテレビやゲームはやっちゃだめって言われてる」と友だちに伝えるようにしましょう。

ステップ５：子どもと、良いホスト（招く側）のルールを一緒に確認する

良いホスト（招く側）のための４つのルールは、子どもが、誰かと仲の良い友だちになれる力を身につけるのに役立ちます。これから、それぞれのルールとそれらを子どもにどのように教えるかを説明していきます。

＊　＊　＊

１．招待した友だちがいつも正しい。このルールは、子どもを威張らせないようにさせますし、実行するのが簡単です。例えば、もし、ゲームのルールやどれで遊ぶかといったことで喧嘩があったとしたら、招待された子どもが正しいのです。喧嘩の真相にたどりつく必要はありません。あなたの子どもは、良いホスト（招く側）は友だちが受け入れられていると感じられるよう全力を尽くさなければならない、ということを学ぶ必要があります。良いホスト（招く側）は、自分の希望よりも友だちの希望を優先するのです。

時には、招待された子どもが威張りたがりだったり、強引すぎたり、多くの支援が必要だったりすることもあります。そういう時は、他の子どもが、あなたの威張りたがりな子どもをもう誘いたくないと思うのが自由であるのと同じように、あなたの子どももそういった友だちをもう誘わないというのも自由です。例外は、もし友だちがあなたの子どもに怪我をさせたり、あなたの言うことを聞かなかったりした時です。もし、その怪我が偶発的なものでなかったり、その子が乱暴だったり、あなたの言うことを聞かなかったりしたら、その子

の保護者に助けてもらうよう連絡する時です。もし保護者が全く手助けしてくれなかったら、遊びを終了すること、そして、その子はもう招待しないということを考えましょう。

2．もし、あなたの子どもが退屈していたら、遊びを変えることを提案する。共通の興味関心というのは、遊びを上手く続けさせてくれます。あなたの子どもは、遊びの前に共通の興味を見つけるためにどのように情報交換をするかを学んできました（10章）。子どもたちはお互いのことをよく分かってくるにつれて、自分たちで準備したおもちゃを使って、遊んでいる間の興味関心を保ち続けることができるでしょう。しかし、初めて招いた子の場合は、それぞれ違ったタイミングで遊びに飽きてしまうかもしれません。表の13‐1は、子どもたちが退屈しているけれども、まだ友だちはその遊びに関心がある時、子どもが遊びを変えるように仕向ける3つの方法を示しています。

「良い言い方」と「一番良い言い方」の欄にある行動だけを言っていいことにしましょう。子どもが幼い場合は、その遊びを終わりにしようと伝える方が簡単でしょうし（「良い言い方」）、年齢の高い子どもであれば、友だちがもっと面白いと思いそうな特定の提案をすることも可能でしょう（「一番良い言い方」）。

3．招待した友だちを批判しない。もう一度、大人の場合でこのルールについて考えてみましょう。誰かがあなたを夕食に招待して、ちょっとしたあいさつの後、その人があなたの着ている服が好きではないとか、あなたのことを批判し続

表13-1　遊びを変えるための言い方

失礼な言い方	良い言い方	一番良い言い方
これつまらない。	他のことして遊ばない？	君がもう一人外に出したら、ドミノで遊ばない？
お母さん役はもう疲れた。	ちょっと、お母さん役してくれない？	あと5分遊んだら、今度は、きみがお母さん役ね。いい？

けたとしましょう。あなたがその人に電話をしなかったり、その人からの電話にあなたが応じなくても、驚くことではありません。子どももまた、批判されることは嫌なものです。あなたの子どもは、決して失礼であってはいけません。礼儀正しくいることによって、最終的に、あなたの子どもは誰も傷つけることなく欲しいものを得られるようになるのです。表13‐2に、その他いくつかの選択肢を提示しています。このルールを実行することは、子どもの間で起こる嫉妬や張り合いを許容しないということを意味しています。

4．招待した友だちを中心にして大事にする。招待した子どもがまだ一緒にいる時に、他の子どもを決して遊びに誘わなかったり、ほんの数分でもその子どもを一人にさせなかったりしたら、あなたの子どもはその友だちを大事にしているということです。

子どもは、大人よりも複数の人に同時に配慮を示すことが上手くありません。もし子どもが２人で一緒に遊んでいる時に３人目の子どもが来たとすると、それは、一対一の遊びではなくなってしまったというだけでなく、誰か一人が蚊帳の外にされるということを意味することがあります。

中心にして大事にするということのもう一つの側面は、遊びの間ずっと友だちと一緒にいるということです。招待した子とあなたの子どもが２つの離れた場所で遊んでいるのを見かけたら、次のうち少なくとも一つの理由があります。

表13-2　衝突を避ける丁寧な方法

失礼な方法	丁寧な方法
君が選んだゲームはほんといらつく！	（他のゲームの名前）で遊ぶのはどう？
ずるしたな！	こういうルールにするのはどう？
ショットをミスしたな！	頑張ったね！
私の絵はあなたのよりいいよね。	（何も言わない）

・2人の子どもは、次に何をして遊ぶのかを決めることができていない。
・遊びが長すぎる。
・遊びが上手くいかなかった、遊びの間仲良くできなかった。

＊　＊　＊

良いホスト（招く側）のルールを子どもに伝える最も良いタイミングは、友だちが来る直前です。ルールを一覧にして、そのルールに従うことに同意してもらいましょう。

母親：良いホストのルールを覚えておいてほしいの。私たちが片づけたおもちゃでは遊べないし、テレビやゲームはダメよ。
モリー：分かった。
母親：遊ぶゲームはキャシーが選ぶのよ。
モリー：分かった。
母親：もし退屈になったら、新しいゲームを提案してもよいし、キャシーの番が長すぎたら交代してもらってもよいけど、それはキャシーが決めるの。
モリー：分かった。
母親：良いホストのもう一つのルールは、キャシーを批判しないこと。
モリー：絶対しない。
母親：うん、あなたはそんなことしないって知ってる。招待した友だちを中心にして大事にして、一人にさせてはだめよ。分かった？

モリー：分かった。

もし、今まで一度も遊びの約束をしたことがなかったら、このルールはあなたの子どもを良いホスト（招く側）にするには十分ではないかもしれませんが、必要な時に介入しやすくはなるでしょう。

遊びの最中

ステップ６：良いホスト（招く側）のルールを守らせる準備をしておく

介入しなければいけない時に、すぐにやめられることをしながら近くの部屋からよく聞いておきましょう。あなたの子どもが、ルールに従っているかを確認するために聞いておきましょう。喧嘩している様子がないか聞いてみたり、友だちがどんな子どもかイメージしてみたり、そして、もちろん良いホスト（招く側）になったわが子がどれだけかわいいかを考えたりするのです。

表13‐３は、あなたの子どもがルールを破った時にどの程度あなたが介入しなければいけないかと決めるのに役に立つでしょう。全ての問題点で、あなたの子どもがルールを破っているということが分かると思います。これらは、よくあるルール違反です。

討論：子どもたちが何をして遊ぶかで言い争いをしているのを見かけた。

ルール：招待した友だちが正しい。

討論：子どもたちがしばらく同じゲームで遊んでいたが、あなたの子どもが真剣に遊ばなくなって、おか

表 13-3　衝突を解決する

子どもの年齢	期待すること	喧嘩の解決方法
5 歳	共有することや気分を保つことは難しい。	近くで子どもの遊びを見ておきましょう。子どもはだんだん喧嘩に上手く対処できるようになりますが、すぐに結果が出ることを期待してはいけません。喧嘩で子どもが叫んだり、手が出るようになったりして、あなたの子どもが攻撃する側になっていたら、すぐにペナルティ（ステップ4）を与えましょう。数分以上言い合っているようなら、お互いに謝るようにさせましょう（ステップ5）。
6-7 歳	4 時間遊ぶ中で喧嘩は小さいのが 2 つというのが典型的。喧嘩は言葉でのみ。子どもたちは良いホスト（招く側）のルールを思い出して使い始める。	喧嘩が始まったらすぐに良いホスト（招く側）のルールを実行しましょう。喧嘩で子どもが叫んだり、身体的に傷つけたりするようになって、あなたの子どもが攻撃する側になっていたらすぐにペナルティ（ステップ4）を与えましょう。（それか、友だちの保護者に連絡して、友だちと話をしてもらいましょう）数分以上言い合っているようなら、お互いに謝るようにさせましょう（ステップ5）。
7-8 歳	2, 3 回の遊びで 1 回の小さな喧嘩。	喧嘩が始まったらすぐに良いホスト（招く側）のルールを伝えて守らせましょう。
9-12 歳	喧嘩はかなりまれで、あってもおだやか。すぐに解決する。	喧嘩が始まったらすぐに良いホスト（招く側）のルールを伝えて守らせましょう。

しな行動をし始めた。友だちは、その行動にイライラした。
ルール：もし退屈したら、遊びを変えることを提案する。
討論：友だちの名前を何度も怒鳴る。
ルール：招待した友だちを批判しない。
討論：あなたの子どもが自分だけで遊んでいたり、予定外に遊びに来た子と遊んだりしている。
ルール：招待した友だちを中心にして大事にする。

子どもには、ルール違反は許容できないことを示しましょう。ルール違反があればすぐに、他の部屋に子どもを連れていって、ルールをはっきり伝え、ルールに従うことを手短に確認しましょう。このように子どもを連れ出すことは、教育的にも働きますし、ルールを教えるタイミングにもなります。あなたが子どもに以下のように何回か教える機会が予想されますが、それによって遊びが台無しになることはありません。

トミー：［友だちに向かって］ほんとに馬鹿げてる！［ボードゲームが上手くいっていないことに対して］
母親：［トミーの部屋の廊下から］トミー、ちょっと話したいことがあるの。こっちに来てちょうだい。
［トミーが来る］ありがとう。隣の部屋で話さないといけないことがあるの。［友だちに対して］トミーはすぐに戻ってくるからね。
トミー：［隣の部屋で］あいつは、ボードゲームの遊び方を知らないんだよ、お母さん。
母親：［小声で］親切なホストのルール覚えてる？［トミーは静かになる］誰を批判しないんだっけ？
トミー：招待した友だち。

母親：その通り。代わりに、友だちに何て言えるかな？
トミー：分からない。
母親：彼が良くない進め方をしても何も言わないの。
トミー：何も言わないの？
母親：そう。それが丁寧な方法よ。やってみて！

プランA
もしあなたの子どもが、ルールに従うことに同意したら、すぐに褒めて、友だちのところに戻しましょう。

プランB
もしあなたの子どもがルールに従わなかったり、同じ行動を5分以内に繰り返したりしたら、子どもに注意をして、その場で明確な短いペナルティがあることを伝えましょう。例えば、
母親：もし、アマンダとお人形を共有しなかったら、2分間のタイムアウトよ。
マーラ：［友だちとおもちゃを共有し始める］
母親：共有できてえらい！

プランC

もしあなたの子どもが、注意した後にもルールにずっと従わないでいたら、すぐにタイムアウトを実行しましょう。子どもの手を取ります。そして、友だちから離れた部屋の隅に向かって椅子に座らせるか、立たせるかしましょう。タイマーを2分間セットしましょう。タイマーが鳴ったら、遊んでいいことを伝えましょう。

・子どもにルールに従ってもらいたい時は質問をしてはいけません(「友だちとおもちゃを共有した方がいいと思わない？」と質問しても、答えはきっと「思わない！」です)。
・子どもを批判してはいけません（「あなたは良いホストじゃない」)。
・子どもに怒鳴ってはいけません。
・タイムアウトの前後に小言をいってはいけません。
・招待した友だちをどこかにやったり、どこかにやってしまうと脅かしたりしてはいけません、言い換えれば、友だちを叱ってはいけないのです！

その場に必要なタイムアウトを行うことによって、子どもたちは、無礼なことは許されないのだと学ぶことになるため、実際には子どもと友だちの気分を楽にさせるのです。タイムアウトは、あなたの子どもと招待された友だちとの言い争いを終わらせることにもなります。

ステップ６Ａ：子どもが友だちを中心にして大事にすることを保証する

もし、他の子どもが遊びに来たり、電話してきたりしたら、子どもに「今は忙しいんだ、ありがとう。後でまた連絡するね」と言わせましょう。
もし、子どもと友だちが2つの違った場所で遊んでいるのを見かけたら、行動を起こす前に原因を確認しましょう。友だちと楽しく過ごしているか、こっそり子どもに聞いてみましょう。

プランA
答えがもし「うん」だったり、遊びが上手くいっていたら、すぐに子どもに今やっていることをやめて、友だちの遊びに参加するよう伝えましょう。例えば「マーラ、友だちはあなたと遊びに来ているのよ。一緒にやれることを彼女と取り組むのが大事よ」のように伝えます。

プランB
答えがもし「いいえ」だったら、子どもは楽しんでいないので、遊びは上手くいっていないということです。おやつの時間にして、友だちの保護者が迎えに来るまでビデオをみるなどしましょう。遊びの時間は終了です。

ステップ6B：子どもたちだけでは解決できない言い争いを終わらせる
5〜7歳の子どもは、自由奔放に遊びすぎて、お互いの気持ちを傷つけることになってしまったり、自分たちで言い争いを終わらせられなかったりすることがあります。言い争いをしていた問題についてもはや気にしていなくても、次に進むということが難しいのかもしれません。もっと年齢の高い子どもの中でも、言い争いを一回解決できなかっただけで仲良しでいることをやめてしまった、ということを聞いたことがあります。子どもたちは、言い争いをはやく解決する方法を学び、言い争いは何も問題ではないかのように振る舞う方法を知る必要があります。ここで、親が手助けすることができるのです。

６歳のドミニクは招待された側、ジャスティンが招いた側で、かなり一生懸命遊んでいました。彼らは、中庭が安全（他の誰も水がかからないから）ということで同意して、ジャスティンの水鉄砲で遊び始めました。遊び始めて20分後、一人はこの遊びはつまらないと言い、もう一人は怒り始めました。言い争いは短かったのですが、かなり激しいものでした。２人とも一緒に遊びたがりませんでした。一緒の部屋にいることも嫌がり、ドミニクは家に帰りたいと言いました。

水鉄砲というおもちゃは、気持ちが傷つきやすいというまさにその理由で良くない選択だったのです。もし、友だちがルールを破ったら、「招待した友だちがいつも正しい」というルールを使うことはできません。もし、友だちが頻繁にこのようなことをして、あなたの子どもがイライラしてしまうなら、あなたは、その子を遊び相手にはしないようにすることができます。あなたの子どもには、その子をもう誘わないという自由があるのですから。

しかし、ドミニクとジャスティンは、遊びのほとんどの時間は仲良く遊んでいたのに、途中で大きな言い争いになってしまいました。このような時は、以下のようにすると、７歳以下の子どもたちが互いに謝るというのが上手くいきます。

父親：そろそろ遊びを終える時間かもね。でも、２人にはお互いに謝らずにサヨナラなんてしないでほしいな。

２人：やったのはこいつだ、僕じゃない。僕は謝らなくていいんだ！

父親：誰のせいかなんてことは気にしていないよ。2人とも謝る必要があるよ。［父は、どちらかが謝ろうとしているかを見てみるが、子どもたち2人はお互いの顔を見ようとしない］分かった、今から3つ数えるよ。3で、2人に「ごめんね」と言ってほしい。分かった？［2人が分かったと言うまで同じ話を繰り返す］　1、2、3。

2人：［しぶしぶ］ごめんね。

父親：すごいじゃないか！［しばらくして］じゃあ、君たちは何がしたい？

ジャスティン：戦艦で遊ぼうよ。

ドミニク：いいよ。

この方法は、2人がまだお互いのことを怒っていたり、互いが友だちという存在ではなかったら上手くいきません。しかし、そうでなければ、子どもたちはすねている状態から、一緒に楽しく遊ぶ状態へ、すぐに変わることができます。父親は、子どもたちが謝ったあと、おやつをあげることも考えていました（子どもたちは疲れていて、休憩する必要があると思ったため）が、水鉄砲で遊ぶことは許可しませんでした。

7歳以上の子どもたちは、どちらか一人またはお互いに謝って、自分たちで喧嘩を解決できるようにすべきです。大事なことは、喧嘩になった問題を持ち越さずに次に進めること、その問題が頻繁に起こらないことです。もし、そのどちらも当てはまらないのであれば、おそらく、お互いにとって友だちという存在ではないのでしょう。

遊びの後で

ステップ7：子どもの準備ができるまで、誰かの誘いを受けてはいけない

自宅で良いホスト（招く側）として遊ぶことは、あなたの子どもが良い習慣を身につけるのに役に立ちます。自宅で3、4回、喧嘩なく遊びを進められるようになるまで、他の友だちからの誘いを受けるのを引き延ばしましょう。誘いを受けるのを延期する丁寧な3つの方法は以下の通りです。

＊　＊　＊

1. 良いホスト（招く側）になるための遊びには、同じ友だちを何度も誘うよりも、何人か違う友だちを誘ってみる。同じ友だちを何度も誘うと、その友だちの保護者から遊びの誘いを受けるということになりがちです（それは、あなたが望んでいることですが、他の人の家であなたの子どもが上手く遊べると確信がもてるまではいけません）。
2. もし、あなたが同じ友だちを1回以上招待したかったら、1回目の遊びの直後にまた招待しましょう。遊びの1、2日後以内に、次の週末に遊べないか連絡してみましょう。
3. もし、あなたの子どもが他の友だちの家に招待されたら、その招待を受ける時期を後にずらしましょう。

母親：トミーを招待してくれてありがとう。当面の間は、もう一度ジミーが家に来てくれた方が助かります。ジミーにうちに来てもらっても構いませんか？　私は、喜んでジミーの送り迎えをしますので。

あなたが見ているところで、自宅での遊びが3、4回上手くできたら、次は友だちからの招待を受ける時です。遊びの後、友だちの家まで迎えに行った時に、「うちの子はどうだった？」とか「あなたの話をちゃんと聞いていた？」などさりげなく聞いてみると、友だちの保護者からのフィードバックを得ることができます。自分の子どもに何か問題があるというようなことを言ってはいけません。それから、あなたが何も尋ねなくても子どもに関する大事な情報を友だちの保護者から教えてもらえるなんてことを期待してはいけません。あなたが聞いても答えてくれないかもしれませんが、あなたが聞かなければほぼ何も話してはくれないでしょう。

もし、あなたの子どもが招待された側として良くない行動をしていることが分かったら、他の誘いを受ける前にステップ1に戻りましょう。

*　　*　　*

遊びが終わったら、子どもの満足感を大事にしてあげましょう。どうして他の子どもも良いホスト（招く側）のルールに従わないのかと子どもから質問される、と保護者の方がおっしゃることがあります。他の子どもたちの良くないホスト（招く側）の言動に対する答えは2つあります。1つ目は「お友だちが私たちの家にいる時は私たちのルールが通用する。でも、お友だちのおうちのルールを決めることはできないの」です。2つ目は、私の息子が〝招待した友だちを中心にして大事にする〟というルールに違反した友だちのために編み出した解決法なのですが、以下に説明します。

10歳のソルにとって、誰かと自分の家で遊んでいる時に、他の友だちを招き入れるということは珍しいことではありませんでした。ソルが住んでいる小さな通りの近所には、たくさんの男の子たちが住んでいて、お互いに約束もなく突然家に行くことがありました。前回ベンジャミンが家に来ていた時に、ジョーが玄関をノックしてきたので、ソルは彼を招き入れました。ソルとジョーはすぐにバスケットボールで遊び始めましたが、ベンジャミンは一緒に遊ぶことができませんでした。彼は、その後の遊びでずっと取り残されることになってしまいました。

ベンジャミンはいつもはソルと遊ぶのは好きだったので、彼の家で遊ぶのをやめようとは思いませんでした。そのため、次に彼がソルを遊びに誘った時、彼はソルに「僕たち2人だけで遊べる時間はある?」と聞きました。ソルもまた、ベンジャミンと友だちでいたかったので、彼も「あるよ」と言って時間を作りました。遊びの約束の日、ベンジャミンがソルの家に近づいた時、ジョーとソルがソルの家の前で遊んでいるのを見かけました。でも、この日は、ベンジャミンが来たのを見かけると、ジョーはソルにバイバイといって帰り、2人だけの遊びにさせてくれました。この後から、ベンジャミンとソルの遊びに、他の子が入ってきても問題にはなりませんでした。

10、12章とそして本章の説明とまとめることがたくさんあります。分かりやすくなるよう、あなたに必要な情報をチェックリストにしました。新しい説明には＊印をつけています。

完璧な遊びのチェックリスト

遊びを計画する

ステップ１：誰を遊びに誘うかを子どもと一緒に決める。

・子どもが電話をして情報交換をします。

ステップ2：友だちの保護者と直接、遊びの約束を設定する。

・あなたが家で見ていられる時だけ遊びに友だちを招く側になりましょう。
・最初は1、2時間の遊びが最適です。

ステップ3：きょうだいは別の場所ですることがあるようにしておく。

・遊びの間は、きょうだいに子ども部屋を使わせないようにしましょう。これは、必ず守らせましょう。
・同じ時間にきょうだいの遊びができるように予定を立てましょう。一人はあなたの家、もう一人（きょうだい）は、友だちの家でというのが皆にとってやりやすいでしょう。
・きょうだいには、遊びの時間にできる活動（例えば、ビデオを見せるなど）をさせておきましょう。弟や妹をずっと離しておくことができないのであれば、遊びの時間を短くしましょう。
・保護者のうち一人が遊びを見ている間、もう一人の保護者がきょうだいをおでかけに連れて行くなどしましょう。

遊びの直前

ステップ4：遊ぶ場所を片づける。

・片づけに十分な時間を確保しましょう。
・スムーズに進めるため子どもの片づけを手伝いましょう。
・部屋を片づけたがらないとしても、遊ばせないと脅すようなことはやめましょう。

ステップ５：子どもが良いホスト（招く側）になるよう準備をする。

・おやつの準備をする。

・ケータイやテレビ、ゲームなどコミュニケーションを必要としないものは禁止にしましょう。

・子どもが共有したくないと思っているおもちゃや壊れるかもしれないおもちゃは片づけさせましょう。それ以外の部屋に残しているものは全て共有しなければなりません。

・＊良いホスト（招く側）のルールの簡単なおさらい。

　1．招待した友だちが正しい。

　2．もし退屈してきたら、遊びを変える提案をする。

　3．友だちを批判しない。

　4．招待した友だちを中心にして大事にする。

遊びの最中

ステップ６：見守るが参加はしない、離れたところで聞いている。

・タイミングよくおやつを出せるよう準備しておきましょう。

・ルール違反があったらすぐに良いホスト（招く側）のルールを守らせる準備をしておきましょう。

・他の部屋にあなたの子どもを連れていく。

・ルールをはっきり伝えて、それに従うことを手短に思い出させる。

・プランＡ：もし、子どもがルールに同意したら、すぐに褒めて、友だちのいる部屋に戻らせる。

・プランＢ：もし、子どもがルールに同意せず、５分以内に同じ行動をしたら子どもに注意する。明確なその場での短いペナルティを予告する。

・プランC：もし、警告をした後も、子どもがルールにずっと従わないでいたら、予告したペナルティをすぐに与える。

ステップ6A：子どもが友だちを中心にして大事にするようにする。

ステップ6B：子どもたちだけでは解決できない言い争いを終わらせる。

ステップ7：迎えの時に、友だちの親と知り合いになるよう試みる。

遊びの後

ステップ8：遊んだ相手とまた遊びたいかどうか、子どもに個別に聞く。遊びの間に上手くできたことを褒める。

ステップ9：子どもの準備ができるまでは友だちからの誘いは受けない。

・子どもが好きな相手を誘い返しましょう。

次のステップ

あなたとあなたの子どもは、入念に準備してスムーズに進んだ遊びを経験しました。あなたの子どもは、よく遊ぶ子どもたちともっと仲良くなっていくでしょうし、あなたも相手の子のことをもっと知っていくでしょう。次の章では、長期休暇の時に子どもが友だち関係を作り維持することをどのように手助けできるかについてみていきます。14、15章は仲良しの友だちの賢い選択法について子どもに教えるのに役に立つでしょう。

14　友だち関係を育む休日や長期休暇の過ごし方

問題

・休日中、息子が寂しそうにしていて、テレビゲームにはまってしまいます。どうしたらいいでしょうか？
・娘は休日の間、友だちとの連絡が途絶えてしまいます。どうしたらいいでしょうか？
・どのようなキャンプが子どもにとっていいでしょうか？

背景：学校の休みを最大限に活かす

学校の休みには、あなたとあなたの子どもにとって特別な課題があります。両親が仕事をしている場合は、子どもの生活が上手くいくように調整しなければなりません。片方の親が家にいる場合は、子どもがテレビやゲーム機の前に釘付けになってしまわないように、一日の過ごし方を工夫した方がよいでしょう。友だち関係を育むという観点から、理想的な休日の過ごし方は、次のようなものです。

・大人のサポートのもと計画的な活動を行う。
・近所の子どもたちを呼ぶ。
・たくさん身体を使う活動をする。
・多くの子どもたちが好きな新しい活動に子どもを参加させることで、他の子どもたちとの共通の関心を広げる。

しかし、子どもが新しい遊び相手に出会うのが難しい場合は、まず7章を読んでください。スポーツをするのが難しい子は、まず8章を読んでください。子どもがお行儀よく過ごすことができるのであれば、本章で別の活動を検討してみましょう。

日帰りキャンプ（デイキャンプ）

デイキャンプは、子どもと親にとって、３つのメリットがあります。数週間の休みの間、子どもたちのために一日の多くの時間を割くことができます。そこでは、後に友人を呼ぶ時に活かせるかもしれない新しい活動を試すことができます。また、子どもが通う学校が違っていても、継続的に集まりやすい友だちを見つけることができます。

デイキャンプの質と価格は一般的には関係ありません。非営利のキャンプは、一般的に民間のキャンプよりも安価です。カブスカウトは時々、スカウト活動に焦点を当てたデイキャンプを運営しています。スタッフがボランティアのため、比較的安価です。幸いにも私たちの地域には、ボーイスカウトに帆船の操作の仕方を教えてくれる海のキャンプがありました。経験豊富な年長のスカウトが、若いスカウトの指導を担当していたので、リーダーシップについても学ぶことができました。

デイキャンプには、専門的な単一の活動プログラム（ゴルフ、音楽、芸術、ダンス、科学、音楽、乗馬）のものや、より一般的な活動のものがあります。おそらく最も有用なのは、私の考えでは、スポーツキャンプです。スポーツキャンプは、他者との交流の中で運動を行うところが良いと思います。定期的に運動している多くの大人は、一人で運動するよりも、他者と関わりながら運動する方がはるかに簡単で続けるのが楽しい、と言うでしょう。

親はよく、自分の子どもは「運動が苦手」と言います。しかし、子どもは楽しく運動する機会があれば、スポーツに親しみやすくなることが分かっています。

子どもが活動に興味を持っていれば、同じような興味を持つ人と出会うことができます。子どもは、親が教えようとするよりもコーチの話に耳を傾け、より多くのことを学べるでしょう。スポーツの能力によって子どもたちがグループ分けされているキャンプの場合は、子どもは確実に楽しく過ごすことができるでしょう。マルチスポーツキャンプは、幼い子どもたちをさまざまな活動に参加させることができるので、自分ができるスポーツで他の人とじゅうぶん一緒にプレイできるんだと実感するでしょう。

ある夏、11歳のサイモンの両親は彼をゴルフキャンプに登録しました。ゴルフキャンプを選んだ理由は、サイモンの友人2人が同時にそのキャンプに参加していたからです。もしサイモンが参加しなければ、日中に彼らと「集まり」ができないだろうと考えたのでした。

サイモンはこれまでゴルフをしたことがなかったので、激しく抗議しましたが、両親は彼に2日間ゴルフを試してみるように伝えました。気に入らなければその時にやめてもいいと言いました。2日目の終わりにはサイモンは「続けたい」と言っていました。最初の1週間が終わる頃には、サイモンの熱意は人に伝染するまでになり、父親（父親自身はゴルフを嫌っていました）はサイモンが学んだことを教えてもらうようになりました。その結果、サイモンと父親が一緒に関わるようになり、普段しつけのためにくどくど言う以外にも話ができるようになりました。サイモンは参加した友だちと集まる機会も持ち続け、また別の共通の興味を持つようになりました。

お泊りキャンプ

長期休暇の活動の目的の一つが子どもの友だち関係を育むことであるならば、お泊りキャンプはデメリットが多いと言えます。通常、参加費が高価であること、広い地域から子どもたちを集めるので、その後も続くような友だち関係が形成される可能性は低いこと、そして友だちがキャンプに一緒に来ない限り、現在続いている友だち関係を妨げてしまうことがその理由として挙げられます。あなたの子どもがグループでの活動が苦手な場合（一般的に子どもたちはお泊りキャンプでは10人のグループになります）、トラブルになるまで上手くやれていないことに気づけないかもしれません。

非営利団体が主催するお泊りキャンプは、民間のキャンプよりも安価であるかもしれませんし、すでに友だちであるグループで参加することで、お泊りキャンプのデメリットが解消されるかもしれません。例えば、子どもが所属するスカウト隊に多くの友人がいる場合、リーズナブルで低コストのお泊りキャンプとなるでしょう。親は、お泊りキャンプに参加する前に、週末に何度かキャンプに参加して、子どもの様子を観察することができます。多くのスカウト隊は、夏のキャンプに親が一緒に来ることを勧めています。スカウトキャンプの欠点は、通常1週間から2週間のキャンプであり、夏休み全体に及ぶものではないことです。

特別なニーズを持つ子どものためのキャンプ

たとえ高額であっても、特別なニーズを持つ子どもに対応するための適切なサポートがある余暇活動が見つかることはあまりありません。通常のキャンプでは、子どもたちがキャンプ指導員に問題を訴えたとしても、キャンプを離れるように言われてしまうだけです。子どもの中には、絶えずネガティブな注目を集めて、いつの間にか指導員と仲間の両方から目をつけられる存在になってしまう子もいます。このような状況では、指導員が適切な訓練を受けていない限り、キャンプは価値のある経験となるとは言えません。その一方で、特別なニーズのある子どもたちのためのキャンプには、子どもたちの問題をより良く理解しどのように対処するかを知っている習熟したスタッフが（いつもではないにせよ）いる場合があります。

特別なニーズのある子どもたちのためのキャンプは、参加枠が限られており、すぐに埋まってしまうので、早めに申し込みをしなければなりません。特別なニーズを持つ子どもたちのためのキャンプの主な欠点は、お互いに友だちを作ることが苦手な子どもたちがグループを組む可能性があること、子どもたちは親と離れて参加することが多いこと（そして、その後も続くような友だち関係を育む可能性は低いかもしれません）、高価であることです。

ＡＤＨＤや行動の問題を持つ子どもたち同士では、お互いに友だちにならない方がよいこともあります。これは必ずしもその他の発達障害や知的な遅れのない自閉スペクトラム症のある行儀の良い子どもには適用されません。このような子どもたちは、同じ社会的・認知的な機能や関心を持つ子どもたちと一緒のグループになっている方が、自分が受け入れられていると感じやすいかもしれません。

キャンプの参加にはリスクが伴います。キャンプは事前の支払いが必要ですが、少なくとも一部は返金されない場合があります。また、子どもをキャンプに参加させられる保証はありません。次の項では、このリスクに対処するためのアイデアをご紹介します。

問題解決：子どもをデイキャンプに参加させる

キャンプの主な問題点を明らかにしていきます。これらを知ることで、気づきにくい失敗をせずにすみます。

ステップ1：子どものためになる活動を選ぶ

これは、学校が夏休みに入る3～4カ月前からしっかりと行います。多くの子どもたちは、この時点では同意するかもしれませんが、キャンプが近づいてくると行くのをためらいます。その時には子どもを説得するのが難しくなってしまうかもしれないので、なぜこの経験があなたの子どものためになるのかという根拠について、よく考えておいた方がよいでしょう。理由を考えておくことで、子どもに行ってもらうために伝えることができますし、子どもが抵抗した時に自分自身に言い聞かせて、粘る覚悟を持ちやすくなるでしょう。

大人の話を聞くのが苦手な子どもや、その他の特別なニーズを持つ子どもには、特別なニーズを持つ子ども向けの支援キャンプは最も良い選択かもしれません。初心者向けのスポーツキャンプは、体を動かすことが必要な子どもや、興味関心を広げたいと思っている子どもには有益です。グループがどのように編成されているか、指導員はどのような経験をしてきたか、キャンプではどのようにしてルールが守られているかなどを聞いてみましょう。あなたの子どもの友だちの親御さんに相談して、どのようなキャンプを検討しているのかを確認してみましょう。このように親同士が協力することで、キャンプが近づいてきた時にも、子どもがキャンプに行きたいと思う可能性が高くなるでしょう。

ステップ2：事前に長期休暇中の遊びの計画を立てる

子どもたちは、好きな友だちとの遊びで楽しい経験をすると、キャンプに参加したい気持ちを持ちやすくなります。休みの前に遊びの計画をしておくことは、長期休暇に向けた準備としては最も有益な方法です。長期休暇が始まる前に、子どもがいつも遊ぶ子の親に電話をして、どの友だちがいつ旅行に出かけるのか、休暇中のカレンダーに一覧にしておきましょう。多くの親は、子どもたちがどちらも家にいる間に一緒に遊べるように、遊びのスケジュールを熱心に決めています。

ステップ3：デイキャンプに最初の2回は参加必須とし、その後は子どもに継続を選択させる

最優先事項は、子どもにキャンプを体験させることです。（仕事をしていて他に預ける場所がないから行かせざるを得ない場合は別ですが）少なくとも2回は行かせるようにしましょう。そうすれば、子どもがよく理解した上で選択ができるようになります。10歳のジェームズは、数カ月前に母親が登録したスポーツキャンプに参加したくないと言っています。

母親：スポーツキャンプが来週から始まるよ。新しい靴が必要になるから、靴屋さんに行こう。
ジェームズ：行きたくない。家にいたいよ。
母親：何もしないで家にいると退屈だよ。スポーツキャンプがいいかどうか、参加してみる必要があるでしょう。お友だちのサールも一緒に行くよ。どのみち、あの子がキャンプに行っている昼間は一緒に遊べないから、行った方がいいよ。
ジェームズ：でも楽しそうとは思えないよ。

母親：少なくとも2回は行って来てほしいな。2回行って気に入らなかったら、やめてもいいから。

プランA

ジェームズは同意する。

プランB

ジェームズはキャンプの前夜、同意しなかったり、抵抗したりします。子どもは新しい経験を恐れることがあります。2回参加することで小さなごほうびをあげる、というのは助けになるかもしれません。ジェームズはとにかく参加することが大事で、参加することで好きなゲームを買ってあげてもいいでしょう。また、初日がどのようなものなのか、親が詳しく説明してあげれば、ジェームズの不安は和らぎやすくなるかもしれません。

ジェームズ：行きたくない。たぶん、つまらないし。

母親：お父さんとお母さんは、試してみるっていうことが必要だと思うの。そんなに悪くないよ。毎日1時間半ずつ違うスポーツの時間があるの。スポーツが好きでなくても、そんなに長くないよ。たぶん、家で一日中退屈しているよりもずっと短いよ。お母さんはあなたに、一日中家にいてテレビを見ているようにはさせたくないの。あとサールもそこまでスポーツに興味があるわけじゃないみたいだけど、ちょっとやってみようと思っているみたいだよ。

ジェームズ：やっぱり行きたくない。

母親：試してみてほしいだけなの。だから月曜と火曜だけ参加すればいいよ。もし両方行ったら、あなたの好きなゲームを買ってあげるから。

ステップ４：毎日のキャンプの最後に、誰と遊んだのか尋ねる

子どもがデイキャンプでどのような子どもと遊んでいるかを聞いてみましょう。その中で近所に住んでいる子を見つけたら、遊びに誘うリストに追加しましょう。このようにして、キャンプの経験を今後につなげると同時に、子どもがその後もキャンプに行きたいと思うようにしていきましょう。

次のステップ

学校の休日や長期休暇は、親にとっては休暇ではないかもしれませんが、入念な計画と適切な活動の選択があれば、子どもたちにとって重要で豊かな経験になります。キャンプで見つけた友だちを遊びへとつなげていく方法については、６章を読んでください。

第3部　友だちを維持する

もしあなたがどのように子どもの話を聞くか学んだら、子どもはあなたに信頼感を抱き、子どもの抱えている問題に対して手助けできるでしょう。良き聞き手になってください。あなたが子どもの友だち選びを教える時、子どもはあなたの声に耳を傾けるかもしれません。

15　良い友だち選びを促す

問題

・どうすれば邪魔をしたり干渉したりせずに息子がその友だちを選んだのかの理由を知ることができるのでしょうか？
・娘の友だちが一体どういう子なのかが分かりません。娘の友だちについてもっと知るためにはどうすればいいのでしょうか？

背景：自分にとって有益な友だち関係を選ぶように促すこと

マーク・シードラーの家を初めて訪れた時の出来事を私は今後決して忘れることがないでしょう。私は13歳で、マークは長年私の親友の一人でした。私は彼と一緒に彼の家の正面玄関を歩いて、彼の母親に軽く挨拶をした後に、そのまま彼の部屋に行くだろうと考えていました。これは、私が新しく友だちになった時の、決まりきったやり方だと思っていたのです。しかし、実はそれは違っていたのです！　私はマークの母親と、居心地はよくなかったけれども、一緒に座って意味のある会話をしていたのです。

彼の母親は私の趣味や好きなことについて質問攻めをしました。私はこれまでに友だちの親から個人的な質問を受けることを経験したことがほとんどなかったので、居心地が悪かったのを覚えています。「はい、私は大学に行きたいです」。「はい、私は学校を楽しみにしていました」、「はい、私は異性に興味がありましたが、まだ誰とも付き合ったことはありません」。脇の下が汗だくになりながら答えている時に、マークは静かに私の隣に座っていました。

短い沈黙があり、マークは私を彼の部屋に連れていきました。私は彼の母親に受け入れられたのです。そしてこの「テスト」に合格したことに私はとても気分がよくなりました。マークはここまでの全てを見守ってくれていました。「テスト」が終わった時に彼は私に微笑んだあと、自分の部屋に連れていきました。そして、２人でマークの部屋に入ったその時、その瞬間を待っていたかのように私たちは親密な会話をし始めました。それから、マークの母親に感心し、自分も同じように自分の両親と話ができたらいいなと思いました。

マークの母親のように、あなたは子どもが良い友だちを選べるように導くことができます。あなたの子どもが思春期になるのを待つのではなく、今から以下の３つの方法を始めてみてください。

1. 子どもに友だちを大切な人だと思っていることを伝える。
2. 友だちを選ぶ時には子どもを勇気づける。
3. 良くない選択であるように見えるなら友だちになることを引き止める。

本章では、子どもをサポートする２つの方法について説明します。これらの方法は子どもの自尊心を高めるような方法です。本章の手順に従うと、子どもにとってあなたの好まない友だち関係を思いとどめることを容易にするでしょう。

問題解決：子どもが良い友だち関係を選ぶことをサポートする

子どもが友だちと遊ぶときに誰を呼ぶのか、子どもが選ぶことをサポートすることによって、あなたは友だち選びに影響を与えます。

ステップ1：特に初めてやってくる友だちと話す

私がマーク・シードラーの母親から受けた質問攻めは練習でした。シードラー夫人はこの質問をマークがまだ幼い時から家に来る子どもにしていたのです。あなたが子どもの友だちについてより知るために質問をするならば、今がその時です。おやつを用意して、子どもとゲスト（遊びに来た子ども）が気軽に遊べるように計画をしてください。そしてゲストを丁重に扱ってください。あなたの目的はゲストに趣味や価値観について話してもらうことだからです。

・子どもがあなたに話した興味から話し始めてください。
・真面目でありながらも温かい雰囲気で話してください。
・友好的でありつつも大人の距離感を保ってください。
・10分程度の短い時間で話してください。そうすれば、子どもは遊び続けることができます。

これはケルシーの母親とヴィッキーの間の会話例です。ヴィッキーは9歳でケルシーにとっての新しい友だちです。

母親：ケルシーが、あなたが学校で水晶を使った科学プロジェクトに取り組んでいると教えてくれたのよ。
ヴィッキー：はい、今、瓶の中で水晶を大きくしている最中です。
母親：なぜ科学プロジェクトで水晶を選んだのかしら？
ヴィッキー：私は水晶が成長するのを見るのが好きなんです。小さな宝石みたいで。
母親：誰かに手伝ってもらったりしているのかしら？
ヴィッキー：お父さんが手伝ってくれます。それにお父さんはパソコンを使って科学プロジェクトのポスターの作り方も教えてくれました。

ケルシーの母親はこの短い会話の中でヴィッキーについて多くのことを発見しました。学校に対する家族の態度、父親がヴィッキーをサポートしていること、ヴィッキーは最後の最後まで物事を先延ばしにするような子どもではないということです。ケルシーが学校での活動を大切にしているのであれば、ケルシーの目標から目を逸らさず、学校の問題について彼女に精神的なサポートをしていくために、ケルシーと同じように考えている友だちを選ぶことが重要なのです。

ある研究によれば、中学校年代の女の子の自尊心が低下し始めているという報告があります。[1] あなたの娘が、自分の関心事についてよりポジティブに取り組めるような友だちを選べるようにサポートすることで子どもの自尊心が低下することを予防しましょう。

ステップ2：他の子どもの評判について子どもと話す

子どもの知り合いの評判について知ることは、あなたがそのような情報に基づいて決定をするのに役立ちます。子どもが最高の情報源です。同じ学年の子どもたちについてより詳しく聞き出してください。子どもが遊んでいる時に他の子どもの中で誰が困っていて、誰が他の子を排除して、誰が周りを困らせているのかを自分の子どもと話してください。これは父親と彼の8歳の息子の朝学校に向かう車内での会話です。

父親：クラスの誰かが何か悪いことやルールを破った時に学級委員はどうしているんだい？
サム：そういう時には［「指定されたベンチに座りなさい」って言われて］長時間ベンチに座らせるか、校則を書かせるか［罰としての面倒くさい執筆課題］しているよ。
父親：実際にベンチに座らされたり、校則を書かされたりした子はいるのかい？
サム：休み時間になるといつもダニーは座らされているよ。
父親：ダニーはどうしていつも座らされているんだい？
サム：だって他の子を殴っているからね。

これは母親と彼女の5年生の娘との会話です。

母親：ジャネットの友だちはどんな子がいるの？
ハイジ：ウェンディ、ジェシカ、ヴァネッサかな。
母親：いつもどんな話をしているの？

ハイジ：男の子のこととか服とか。
母親：その子たちはスポーツに興味があるのかしら？
ハイジ：ううん。シンシア、ダイアン、リズとはサッカーで遊ぶことはあるけど。
母親：アンは誰と一緒にいるの？
ハイジ：分からないわ。ほとんどみんなは、あの子のこと好きじゃないもの。でもアンにも友だちはいたはずよ。
母親：なんで他のみんなはアンのことを嫌っているのかしら？
ハイジ：いつも偉そうにしているからよ。

子どもがどれほどこの会話に興味を持っているかを知って驚くでしょう。クラスの他の同性のクラスメイトの名前を聞いたり、短い会話の中で数週間分の情報を得ることで、あなたは子どもにネガティブな評判のクラスメイトを避けるべきであるというメッセージを発信することができるのです。

こうした会話には2つのガイドラインがあります。

・他の子どもの評判が永続的であると思い込まないこと。アンのような子どもたちがより良い行動をとることもあります。
・友だちを選ぶ要因として影響を与えることがあるので、子どもたちのいるところで人気については尋ねないこと（なぜ尋ねないのかの理由については次の章を参照）。

ステップ3：子どもの良い友だち選びを褒める

子どもと友だちとの暖かい雰囲気の中で話すことによって子どもを褒めてください。遊びの直後に平穏な状況でこっそり話されることが最善のやり方です。

母親：「ヴィッキーの母親がヴィッキーを乗せて車を運転しているのを見つけて」ヴィッキーは学校でとても良い子にしてるのね。ケルシーはヴィッキーが好き？

ケルシー：うん。

母親：ヴィッキーはとても素敵な子なのね。

次のステップ

ここでは、あなたが子どもの友だちに興味を持っていることを子どもに示しました。これらの手順により10代の子どもの自尊心とあなたとの関係性とを深めることができました。次の章では、良くない友だち選びについて子どもにアドバイスする方法を説明します。

16　良くない友だち選びをやめさせること

問題

・息子は私の好まないグループと友だちになりたいと思っています。私はそれについて何ができるでしょうか？

・子どもがより良い友だち選びをするのをどのように助けられるでしょうか？

背景：あなたの子どもが避けるべき人間関係の5つの共通のタイプ

子どもが12歳未満の場合、親は友だちになる子どもを選ぶ際に大きな影響を与える可能性があります。この章では、最後の３つの例のように、ポジティブな社会的影響を与えることに基づいて、子どもが友だちを選ぶのを助けることに焦点を当てます。

人気がある子どもの罠

あなたの子どもは、人気があるからではなく、友だちになれるという理由で友だちを選ぶ必要があります。

ここに、あなたの子どもが人気のある子どもの罠に陥った時に起こり得る2つの例を示します。

アリソンは、10歳の息子スティーブンの友だちグループを広げたいと思っており、スティーブンと一緒に遊ぶために男の子を招待したいと考えています。アリソンはスティーブンに誰を招待したいか尋ねました。スティーブンは、クラスで最も「人気のある」男の子の一人であるフランクを選びます。しかし、実は、彼が招待したいと思っているのはフランクだけだったのです。アリソンは、次の2週間でフランクを招待しようと3回も試みます。フランクの母親は決してノーとは言いませんが、彼女は彼の空いている時間を思いつくことができません。ついにアリソンは諦め、スティーブンはひどく落ち込みます。

リーナは、クラスで最も人気のある女の子であるタイを11歳の誕生日パーティーに招待しましたが、これまではほとんど彼女と一緒に遊んでいませんでした。彼女はタイがきてくれたことをうれしく思いました。たくさんのお楽しみと美味しいケーキがありましたが、タイはどこか別の場所にいるように見えました。彼女はパーティのお土産のお絵かきセットを開けて、残りの時間は一人で遊んでいました。次の日の学校で、タイは他の女の子たちにリーナのパーティーがどれほど退屈だったかを話しました。

友だちを探している多くの子どもたちは、すでに友だちがいてとても忙しくて新しい友だちを作ることができない非常に人気のある子どもを選びます。しかし、その際は、次のような質問をして、子どもをがっかりさせることは避けてください。

・その子は良い子なのでしょうか？　研究によると、子どもが人気をどのように評価するかは、魅力、大きさ、強さ、身体能力によって高い程度に決定されることが分かっています。人気のある子が必ずしも優しいとは限りません[1]。

・その子は有意義な友だち関係を育むのに十分なほど確実にあなたの子どもと会うことができますか？　人気のある子どもは、月に１回かそれ以下の忙しいスケジュールの中であなたの子どもと何かをすることになります。

一方的な友だち関係

一方的な友だち関係では、一方の子どもは何も見返りを与えずにもう一方の子どもを利用します。ここでは、落胆させる一方的な友だち関係の例をいくつか紹介します。

・12歳のスーザンはプールで泳ぐためだけにダイアンを訪ねます。プールが修理中の時、スーザンは学校でダイアンを避けます。
・11歳のジョージは、ジェリーが学校の課題をコピーしたい時、ジェリーが彼と一緒に遊ばなくなることを心配して、ノーと言うことを恐れています。
・８歳のブラッドリーはマイルズが素敵なビデオゲームを持っているので、マイルズの家に行くことが好きです。しかし、ブラッドリーは学校でマイルズと一緒にいるのが好きではなく、彼を自分の家に招待しません。

一方的な友だち関係は、どちらの子どもにとってもメリットがありません。本当にお互いを好きになるような遊び仲間の時間を奪ってしまうのです。

行動が好ましくない子どもたち

小学校の普通のクラスでは、約10％の子どもたち（30人の生徒のうち3～4人、ほとんどが男の子）が好ましくない行動で注意を引こうとします。[2] 例えば6歳のスコットは、ロドニーを家に招待したいと思っています。2人の少年は、学校でお互いをよく知っています。なぜなら、彼らは両方とも頻繁に好ましくない行動のために教師によって一緒に注意されているからです。スコットとロドニーの両親は、両方の子どもが学校でより良い行動をするまで、この友だち関係をやめさせています。このように、親は「私たちはあなたがトラブルになる子どもたちと一緒に遊んでほしくない」と明確なメッセージを伝えます。

友だちを探している子どもは、必死すぎて、あるいはその子どもが近づいてきて注意を向けてくれることがうれしくて、評判の良くない子どもを友だちに選ぶかもしれません。友だちがいない子どもの親は、この選択に従うことを私に教えてくれます。

「子どもは他に誰と遊べばいいのですか？」という問いへの私の答えは、「子どもが間違った仲間と一緒にいるよりも、適切な友だちを待った方がいい」です。先生の話をよく聞いてクラスメイトと仲良くしている子どもは、次のような理由でより良い遊び相手になります。

- その子どもは、他の人への思いやりについてより多くのことをあなたの子どもに教えることになります。
- その子どもは、良くない評判を持っている可能性は低いので、学校や他の場所での付き合いによってあなたの子どもに悪いことは起きないでしょう。
- その子どもは、あなたの家のルールを破る可能性が低く、遊ぶ日もあなたの監督をしやすくしてくれます。あなたも子どもも、その子どもが来ることを楽しみにしているでしょう。

悪い価値観や反社会的関心がある子どもたち

子どもは、自分と同じような他者を求め、自分と同じような他者との付き合い方をするようになります。[3] したがって、親が子どもの仲間を意識し、それらの仲間が良い影響力を持つように積極的に行動することが重要です。

キャンディスは知的で物知りの小学4年生で、両親は彼女が男の子に早くから興味を持つことは望んでいません。しかし、彼女は学校で上手くやっている人気のあるグループにどうしても参加したいと思っています。このグループの女の子のうち2人と遊ぶ約束をしたにもかかわらず、他の女の子は彼女を冷たくあしらい続けています。その間、彼女はバーバラと一緒になることを避けていましたが、バーバラと彼女は読書や料理のように、共通のいくつかの趣味を持っていました。

キャンディスが仲良くなろうとしている女の子たちは、彼女の長所を評価せず、容姿を理由に彼女を拒絶します。キャンディスはバーバラにも同じことをしています。バーバラとキャンディスは気が合わないかもしれません。しかし、彼女が仲良くなろうと試みない限り、キャンディスはどのようにしてそのことを知るのでしょうか？

別の例として、4年生のジェイとジュリアンは、フレッドをいじめることが好きなのを共有している親友です。彼らはフレッドに会うたびに彼を脅します。ある日、学校から自転車に乗って帰宅している時に、2人はフレッドの両側に乗って、フレッドを追い詰め、彼の自転車のスポークを折ると脅します。ジェイとジュリアンは、かわいそうなフレッドをいじめているという、お互いの反社会的な利害関係があったからこそ、親友になれたのです。もし両親がこのまま友だち関係を続けることを許してしまうと、年をとってからもっとひどいトラブルに巻き込まれてしまうかもしれません。[4]

問題行動のある子どもたち

研究によると、素行や振る舞いに問題のある2人の子どもは、お互いに友だちにならない方がよいとされています[5]。親はしばしば、同じサービスを利用していたり、気質が似ているように見える（つまり、共通点がある）ので、このような子どもたちを一緒に連れていきたいという誘惑に駆られます。しかし、これは間違いです。これらの子どもたちは、お互い近くにいる時には、はるかに行動が悪くなり、お互いのマイナスの評判を悪化させる傾向があります。内々に尋ねられると、彼らは行動上の問題を抱えている他の子どもとの友だち関係を、定型発達の子どもとの友だち関係よりも質が悪いと評価します[6]。

研究は、行動上の問題や素行障害のある子どもたちは、お互いに友だちにならない方がよいことを明らかにしています。ただし、アスペルガー障害、軽度の自閉症、社会的コミュニケーション障害の子どもたちを対象にした研究はありません。私の見解としては（研究によってより良い情報が得られるまで）、これらの障害を持つ子どもたちに、定型発達の子どもたちと付き合う機会を与えることが必要です。親はこれらの友だち関係が有益であるかどうかを評価すべきです。子どもたちはお互いに心地良く感じ、お互いを受け入れ、支え合っているのでしょうか？　彼らの関係は、より成熟した行動を促すでしょうか？

問題解決：良くない友だち関係の選択をやめさせる

ステップ1：その友だち関係が良くない理由を子どもに教える

もしあなたの子どもが相手を利用しようとするならば、なぜ他者の気持ちを考えることが重要なのかを説明してください。説明はシンプルなままで伝えてください。

母親：ダリアンの家に遊びに行きたがるのはどうしてかしら？
スーザン：彼女のプールで泳ぐのが好きなの。
母親：それだけの理由なの？
スーザン：分かんない。
母親：ダリアンのことは好きなの？
スーザン：あの子はオタクっぽいの。
母親：ダリアンが気の毒だわ。だって彼女はあなたのことが好きだから。フェアではないね。あなたが本当に好きな子どもともっと楽しんでくれたらいいのに。

あなたの子どもの友だち選びが良くないかどうかは、その子たちがどういう子どもで、どうしてあなたの子どもが遊びたがるのか知らないと、わからないです（15章を参照して良い友だち選びの促し方を学んでください）。前述の章に従うことで、あなたが子どもをより信頼できることになるでしょう。それはつまり、あなたが子どもに良くない友だち選びだということで遊ぶのをやめさせるのに、子どもはあなたにもっと耳を傾けるようになるでしょう。子どもが遊んでいる時の、これらの良くない友だち関係を避けさせる理由として、子どもに聞かせるお決まりの参考例があります。たいていこれらは良くないゲストとされている子どもに関連した、良くない友だち関係の選択である理由はその子どもの行いによるからです。このことに注意して説明してください。

母親：シーンがあなたととても遊びたがっているから、彼を呼びたがっているのを知っているわ。彼と遊ぶのが楽しいの？

ポール：時々はそうでないけど、でも彼は僕のことが好きなんだ。

母親：彼がそうなのは知っているわ。でも彼はあなたに優しくしていないし、私のいうことも聞かないから、彼をうちに招くのはとても大変だわ。

ステップ2：あなたの好まない遊び友だちについて、子どもと協定を結ぶ

子どもと一時的に妥協してください。もし子どもが親子ともに好きな友だちと遊ぶことに同意したならば、あなたが好まない友だちと子どもが遊ぶことにも同意することです。

あなたの戦略は、子どもが家庭でより良い友だち選びとなる子どもと遊ぶ機会を得て、良い友だち選びと悪い友だち選びの違いを子どもが理解できるように手伝うことです。もし友だちがあなたにとって扱いづらい子あるいはあなたの子どもに乱暴で不親切ならば、その被害を減らすようにしてください。被害を減らす一つの方法として、良くない友だち選びに価格交渉するみたいに取り引きできるようにすることです（例外は次を参照のこと）。ここに被害を減らす方法を記します。

プランA

もしあなたの子どもに何人か知り合いがいて、最初の友だち選びが良くない選択だったとしたら、次に2番目の選択をしてください（つまり、あなたも好きな子です）。彼女が選択2を選び（その子が選択1になるかもしれない）、他の子どもは忘れられるでしょう。子どもと契約を結ぶことが必要不可欠になります。この場合は、あなたが良くない選択を受け入れたくない理由を子どもと共有しないようにします。次

がその理由です。

・子どもが良くない友だち選びをして、家で遊ぶことを許可しないことは、学校で正反対の影響を及ぼすかもしれません。子どもたちの中には良くない友だち選びをして遊ぶ傾向のある子どももいます。

・子どもが、あなたが良くない友だちと言っていたということをその子と共有するかもしれません。もしあなたが契約に従って、その子を家に招くことになったならば、（あなたがその子を良く思っていないことを知っているならば）その子はさらにもっと行儀悪く振る舞うかもしれません。

こうした場合の例を示します。

母親：あなたと取り引きしましょう。まず最初に2人の子どもを招待する。さらに家に招きたいならば、シーンを招くことができるの。

あなたがこの取り引きの最後まで進んでいった時、シーンを招きます。シーンとの遊びは同じ長さでなくていいです。例えば、あなたも好きな2人の子どもとはそれぞれ3時間過ごしますが、シーンとは1時間30分過ごします。息子がシーンを招く前にこのように伝えましょう。

母親：オッケー、シーンを家に呼ぶのを認めるわ。家で遊べるのは1時間半ね。

あなたも、子どもも、ゲストの傷つけるような、無礼な振る舞いに我慢する必要はありません。もしその子があなたの指示に従わなかったら、彼の両親に連絡して、あなたの指示に従う方法を考え出すか、遊ぶのを早めに切り上げるようにしましょう。

プランB
もしあなたの子どもが遊び友だちとして好ましくない友だちしか選択しなかったら、契約を結びましょう。

母親：まずは、他の子どもと公園や学校で会うようにしてね（子どもとともに実施する前に7章を参照してください）。それができたらもし望むなら、シーンを呼んでいいよ。

もしあなたの子どもがこの取り引きをやり遂げたなら、あなたが良くない友だち選びと考えている子どもと遊ぶことを毎回最後までさせてあげてください。しかし、例外もあります。トラブルになった友だちとの連絡は絶ってください。この場合は、子どもに伝えます。

父親：ごめんな。悪いけど、ロドニーと遊ぶのは許可できない。お互い深刻なトラブルになっただろう。お互いに一緒に遊ぶ自由を失ったんだ。

ステップ3：良くない遊び友だち選びについて確認する
あなたの子どもが依然としてあなたが良くない選択と考えている遊び友だちが好きならば、あなたの言うことを聞かない子どもと連絡を絶つ必要はありません。なぜあなたが彼を家に招きたくないかについて伝えてあげてください。

母親：あなたがシーンと遊びたいのは分かるわ。でも、私にとって彼の面倒をみるのはとても大変なの。彼自身の振る舞いがよくなるまでは、家に再び招くことはできないわ。

次のステップ

良くない友だち選びをいつ・どのようにやめさせるかを知ることができました。あなたの子どもが、良い友だち関係を作れる子どもに遊び相手を置き換えられるよう手助けしてあげてください。さあ、あなたがた親が好きな子どもと親密な友人関係を育むよう一緒に取り組みましょう。もしあなたの子どもに友人がほとんどいないならば、4章・5章を読んでください。10章・12章はあなたがた親子が遊びの計画を立てることについて手助けしてくれます。あなたの子どもが賢い友だち関係を選ぶサポートのために、15章の復習をしておいてください。

17 あなたの子どもの心配なことをきく

問題
・子どもは私に人付き合いのことを話してくれないです。どうしたらもっと私に話してくれるでしょうか？
・私は子どもが友だちについて悩みを抱えていると感じます。私は何をしてあげられるでしょうか？

背景：あなたの子どもの社会生活について知る

息子が小学校での悩みを私に話したいと思ってくれていることを幸せに感じます。私自身、親に悩みを話すことは難しかったです。私は両親が私の悩みを理解してくれるという想像ができませんでしたし、彼らの言葉や行動が怖かったのです。大人になった今、私は自分の悩みを話せていたならば、子どもの頃、心配なことがなく過ごせただろうと気づきました。

あなたは子どものことを知らない限り、あなたはその子どもの悩みから助けることができないでしょう。次のステップはあなたの子どもが悩みをあなたに話すことを助けてくれるでしょう。

問題解決：子どもの悩みを聞く

あなたが思いやりのある聞き手であると感じられたら、子どもはあなたともっと話したいと思うでしょう。子どものことを十分に理解するために必要なことを聞かずに問題解決を手助けすることはできませんので、子どもが助言を求めるまで待ちましょう。すると子どもはもっと自然に助けを求めるようになるでしょう。他のことと同様に、あなたが親として有効な方法を学んできたように、あなたの忍耐強さは価値があるものでしょう。

ステップ1：まず直接的な方法を試す

あなたは子どもと話をするために直接的な方法をすでに試してきました。ここに上手くいくためのいくつかのヒントがあります。

・より望ましい時間：プレッシャーがなく、あなたがリラックスし、子どもとあなたの2人だけでいる時。
　——例えば、

・下校時に車で帰ったり、歩いて帰ったりする時。車の中ならば、ラジオを聞いてはいけません。学校に行くために早く出発し、放課後の帰りには、普段よりもゆっくりと子どもと一緒に歩きます。

・集中力をあまり必要としない単純なゲームをする時。会話するたくさんの機会を用意しましょう。

・子どもと2人だけで一緒に食事をしている時間。

・就寝時間前の数分間。

・ボディランゲージ：彼に近づきます。彼が話したくない場合は離れることを許可して、彼が戻ってくるかどうかを確認するために数秒待ちます。
・アイコンタクト：女の子の場合、あなたの娘と目を合わせます。男の子の場合、たまに息子の目をちらりとみながら、歩いたり、並んで座ったりします。
・声のトーン：はっきりと聞こえるように話し、感情をこめます。ユーモアな表現を避け、笑顔で話します。
・出だしのことば：要点を簡潔に、
「あなたの一日について教えて。」
「あなたは学校で大変な一日を過ごしていたように見えるわ。話してくれない？」
「あなたはケイラと仲良くできたかい？」（父は娘がケイラと仲たがいをしたことを知っている。）

子どもが話したくない場合は、それ以上質問を続けません。その代わりに後でそのことについて話す準備をしておきます。

父親：何か悩んでいることはないかい？
アン：［明らかに動揺している］ないよ。
父親：そうか、何か悩みがあるように見えるんだ。なら、パパの勘違いかもしれない。

あなたが尋ねても、子どもは何も話さないかもしれません。しかし、ひょっとしたら期待した通り彼女は話すかもしれない。事実に基づいて子どもと話してください。理由を尋ねる前にあなたが入手できる詳細情報を入手しておき、誰が、どこで、何をといったことが分かる質問を尋ね、子どもが話したことを自然な声のトーンで言い直す。

アン：女の子たちが学校で私をずっと避けているの。
父親：彼女らが君をずっと避けているの？
アン：うん、ランチで彼女らと一緒に座ろうとする時、エイミーは移動するよと彼女らに言うの。
父親：その後はどうなるの？
アン：彼女らは私を一人座ったままにし、他の机へみんな移動する……
父親：彼女らが君にこのようなことをしたのはこれが初めて？

ここは忍耐強くしてください。子どもが望む通りに、本人の悩みについて話させます。以下に述べるような間違いは避けてください。その他、子どもが無視されたと感じさせたり、会話を止めたりすることも避けます。

- 子どもが悩みを説明する前に解決すること
- あなたが動揺していることを子どもに見せること（たとえ動揺を感じていても）
- 何らかの形で子どもか友だちを批判すること

ステップ2：後で明らかにするための準備をする

子どもがあなたに話し始める準備がまだ整っていないならば（または話し始めたが続けたくない）、子どもが話したい時に聞ける準備をしてください。私の子どもは眠る前に悩んでいたことを話していました。彼が突然悩み事を話し始めた時、私はとても疲れており、家のことを済ませてしまいたかった。私は彼が就寝時に気が緩むことを知っています。彼が日中に気にならなかったものが、夜遅くになるとこころに忍び寄るという厄介な習慣がありました。ですから、これは私が受け入れられれば明らかにできる、私にとってのチャンスでした。ここに9歳のアリサと母の会話があります。

母親：もう寝る時間だよ。
アリサ：まだ疲れていないよ。
母親：寝てみようか。
アリサ：［母親が彼女の寝室を出る時――私が子どもの寝室のドアを出たちょうどその時に会話が始まることにいつも気づく］コーリーは私が昼食代をくれなければ友だちにならないと言ったの。
母親：［戻ってきて、子どものベッドに座る］彼女が言った時、あなたはどうしたの？
アリサ：私は彼女に昼食代をあげなかった。彼女はもう私の友だちにならないと言った。
母親：あなたはどう思ったの？
アリサ：私がお金をあげなかったことで彼女は友だちにならなかったなら、彼女は良い友だちにならないと思う。
母親：私もそう思うわ。

母親は彼女がどう思うか尋ねます。これはアリサに何が起こっているかを考える機会を作ります。そして母親は子どもが自分で悩みを解決するのを称賛します。アリサが安易に選択した場合、母はアリサが悩みを通して考えることをほどよく助け、「どうしてそう思うの？」と尋ねるでしょう。そのことで、彼女が良い改善策を考え出すこと手助けします。

あなたが子どもから問題解決策を見いだせない場合で、それが一週間以上続いている深刻な問題だと思う時はステップ3に進みます。

ステップ3：先生に尋ねる

小学校の先生は子どもたちと一緒に一日のほとんどを過ごし、子どもが手助けを必要とすることに気づくことがよくあります。あなたが子どもについて気づいた変化を先生に簡潔に内密に説明します。

母親：アンは何も問題ないと言いますが、この2週間ほど学校の日には腹痛を訴えます。先生は娘が何か悩んでいることをご存じでしょうか？

先生：私が今年担当している女の子グループはちょっと難しいです。彼女らはみな厚かましいところがあります。彼女らは私がこれまでに担当してきた他のグループとは異なります。アンはエイミーと仲たがいしていたみたいです。

先生は何が起こっているか気づいていないかもしれないですが、アンの母親にとってはクラスメイトについて重要な情報を得ることができるかもしれません。その晩、母親はアンが就寝する20分ほど前に尋ねました。

母親：エイミーは元気？
アン：知らない。
母親：最近に彼女と話をした？
アン：いいや、私はもう彼女を好きでないの。
母親：どうして？
アン：彼女はあまりいい人ではないの。
母親：彼女は何か嫌なことをしたの？
アン：彼女はキムと一緒に行動し、今では私と一緒に座ろうとしないから。

母親はアンが女の子たちからなぜ避けられているのか、どうすべきかといった解決策を考える手助けを続けます。

次のステップ

あなたは子どもが悩みを話すように聞く方法を学びました。子どもが話しやすいように実践する方法に気づきました。あなたは知った悩みについてどう対応しますか？ 18章から24章では、たくさんのありふれた社会問題について子どもを手助けする方法について説明していきます。

18　友だちを盗られること

問題

・子どもは、自分の親友の一人が、別の子どもが自分を見捨てるよう親友を説得することによって友だちが盗られたと信じています。どうしたらいいでしょうか？
・私の娘の友人の一人は、彼女を避けるために彼女の友人と友だちになろうとしているようです。どうしたらいいでしょうか？

背景：友だちを盗むという神話

友だちは所有されたり、盗まれる対象ではありません。友だちを盗られたというのは、普通、友だちとあなたの子どもの両方による良くない判断の結果です。メーガンの友だちリビーがヘザーによってどのように「盗まれた」か、そしてメーガンがどのように状況に対処できるか、例を挙げていきます。

メーガン、リビー、ヘザー（８歳）は、リビーの家で一緒に遊んでいます。メーガンとリビーはお互いに親友であり、ヘザーは新しく加わったメンバーです。ヘザーはメーガンにかくれんぼをすることを提案します。

ヘザーはリビーを脇に置いて、「メーガンが私たちを見つけることができないところへ隠れよう。彼女が本当に私たちを見つけられない私の家に行こう」と言いました。メーガンは数え終わり、10分後にヘザーの家から戻ってくるまで、他の子どもをずっと見つけられませんでした。

これは、親切なホスト（招く側）がゲストを中心にして大事にする典型例です（3人で遊ばないこと、ゲストを一人にしないようにしてください。12章と13章を参照）。

ヘザーの行動タイプは、「あなたが私の望むことをしなければ、私はあなたの友だちにはならない」または「あなたがリビーと仲良くしているなら、私はあなたの友人にはならない」というもので研究者が関係性攻撃と呼ぶものです。それらの行動は、主に女の子の間で4年生くらいの時に急激に高まります。研究では、それがこの年齢を超えて持続する場合、それはより深刻な社会問題を示すことが明らかにされています[1]。

問題解決：盗まれた友だちへの対処

このことで、メーガンが対処しなければならない3つの選択肢がありますが、上手くいく方法は一つだけです。

選択肢A

メーガンが強い感情で反応した場合

メーガン（リビーのお母さんに対して泣きながら）：リビーはどこかに行って、長い間戻ってこなかった。おうちに帰りたい。お母さんに電話してください。

リビーの母親：それは誤解があると思うわ。
メーガン：家に帰りたいです。
メーガンのお母さんは、彼女がまだ泣いている間に彼女を家に連れて行きます。メーガンは、次の数週間はとても悲しく、親友を諦めることになります。

選択肢B
メーガンが新参のヘザーに立ち向かう場合
メーガン：どこにいたの？　私はあちこち見まわしたのよ！
ヘザー：私は馬鹿馬鹿しいかくれんぼをしたくなかったから。私の家に行ってたの。
メーガン：私はそれが良いこととは思わない。
ヘザー：まあ、私はあなたが良いと思わない。私は二度とあなたと遊ばない。
メーガンとヘザーの間に友だち関係はありません。ヘザーはメーガンに親切にしなくても失うものは何もないと感じているし、彼女は一人でリビーとより多く遊べるようになるかもしれません。一方、メーガンはリビーを許している。本当の問題は、リビーの忠誠であり、ヘザーの陰謀ではないのです。

選択肢C

メーガンが親友のリビーに向き合う場合

メーガン：どこにいたの？　私はあちこち見まわしたのよ！
リビー：私はヘザーの家に行ったの。私は冗談だと思ったの。
メーガン：私はびっくりしたのよ。ヘザーと一緒にいられるように、私を一人にしたのだと思ってた。
リビー：いいえ、していない。私は戻ってきたの。
メーガン：私はそうしたのが良かったとは思わない。
リビー：ごめんなさい。私は二度とやりません。もう一度友だちになれる？
メーガン：もちろん。

子どもたち（10歳か11歳まで）は友だちであることについて学ぶべきことがたくさんあります。良い友だちは、彼らがお互いの意見の食い違いを解決した後、より強く、より社会的に上手くいくようになります。[2] 良い友だちとは、

・意見の食い違いを速やかに解決する。
・意見の食い違いが解決する前に立ち去ってはいけない。
・意見の食い違いが解決したら水に流す。

メーガンはリビー（選択肢C）に立ち向かう必要があります。メーガンの母親がリビーの家に迎えに来た時

から始まるいきさつにおいて、次のようなステップを踏みます。

ステップ１：何が起こったのかについて子どもから説明してもらう

17章のステップ１で概説したリスニングスキル（ボディランゲージ・アイコンタクト・音のトーン・および出だしの言葉）を使用して、何が起こったのかを聞いてください。

メーガンの母親：どうして動揺しているの？
メーガン：リビーは私に何も言わずにヘザーの家に逃げ出し、私を一人にしたの。
メーガンの母親：それは良いことではなかったね。あなたはそれについて何かをしたの？
メーガン：私は彼女と話したくない。私はただ家に帰りたい。

ステップ２：子どもが彼女の友だちと向き合えるようにする

メーガンの母親は、メーガンがもう友だちになりたくないと判断したとしても、家に帰る前にメーガンに友だちと向き合うようにします。

メーガンの母親：あなたはリビーに、彼女がしたことについてどのように感じているかを伝える必要があるわ。
メーガン：でも、私はもう彼女の友だちでいたくはない。
メーガンの母親：それは問題ではありません。彼女は何か間違ったことをした。そしてあなたは彼女にそのことを言わなければいけないの。あなたが彼女に言った後、あなたが友だちになりたいかどうかを決めることができるの。

メーガン：でも、私は彼女の友だちでいたくない。彼女は意地悪だ。

メーガンの母親：それは問題ではないの。あなたは彼女に言わなければなりません。

メーガンの母親は、メーガンとリビーにこの会話をさせます。リビーが謝罪した場合（通常こうなります）、彼女はステップ3に進みます。そうでなければ、メーガンは彼女が最善を尽くしたことを確認してその場から去ります。母親はそれがどのようになったかに関係なく、向き合えたメーガンを褒めます。

ステップ3：最初に攻めて、あとは水に流す

良い友だちは、その子たちがあなたの子どもと社会的な間違いを起こさない場合、常にセカンドチャンスをくれます。

メーガンの母親：あなたが彼女に言った時に何か起きたの？

メーガン：彼女は謝り、もうやらないと言った。

メーガンの母親：彼女が言ったことについてどう思う？

メーガン：知らない。

メーガンの母親：あなたは彼女にもう一度チャンスを与えたい？

メーガン：うん。

メーガンの母親：ありがとう。

メーガンの母親のセカンドチャンスへのサポートは役に立ちます。メーガンがノーと言ったら、メーガンの母親はメーガンが考えを変えるかどうか待ちます。リビーの母親がメーガンとの遊びの約束について電話した場合、彼女は遊ぶ約束を決める前にメーガンに尋ねます。しかし、リビーがメーガンを見捨てるようであれば、メーガンはリビーを信頼するのをやめる時です。

次のステップ

あなたの子どもがお互いに話し合うことによって、もめ事を解決することを学ぶのを手助けすることは大きな成果です。これは多くの大人が学習から身につけていくスキルです。しかし、友だちが離れていった時に、話し合うことは、必ずしもいつも上手くいくとは限りません。次の章では、子どもがこの状況に対処する方法について説明します。

19　親友を失うこと

問題

・自分の子どもが冷めた友だち関係に対処するのにどんな手助けができるでしょうか？

背景：友だちを失うこと

少年たちはたいてい4～5人の親しい友だちがいて、少女は数人の絆の固い友だちグループを形成します。少女の友だち関係は一般的には少年の友だち関係よりも安定しています。少女たちはいったん親友関係になったら、数年間友だち関係を維持する傾向があります。

少年たちの友だち関係は、一般的には少女たちの友だち関係ほど結びつきは強くありません。彼らは自分のお気に入りの4～5人の親しい友だちから1～2名の親友を選びます。そして、その親友はその時々で変化します。たいてい親友はお気に入りの4～5名の友だちの中にいます。時々、4～5人の仲間のうち一人が短期間自分のグループから離れることがあります。少年たちの中ではそれが普通のこととして受け入れられています。

友だち関係は、時々劇的に冷めることがあります。親密な友だち関係が冷めることには主に2つの原因があります。

1つ目の原因は、もはや共通の関心がなくなった場合です。サラとエリンは1年生の時から親友関係でした。彼女らはいつもお互い幸せそうであり、またお互いのことを教え合いました。5年生になった頃にサラは乗馬競技の練習にのめりこむようになりました。この活動を始めてからとても多くの時間を費やし、馬小屋で他の女の子たちと過ごすようになりました。サラとエリンの友だち関係は冷えていきました。

親友でさえも、あなたの子どもの生活から離れていくことがあるものです。サラとエリンは、まさにお互いの生活から離れていきました。親友の喪失は、いくつ年をとっても大きな喪失です。

2つ目の原因は、ジョシュとジョージに起きたように、もはやお互いのことが好きでなくなり、メンバーのうちの一人が友だちとして冷めてしまうことです。ジョシュとジョージは1年生から親友関係でした。そして彼らの両親もまたお互いに仲が良かったのです。6年生になった時、2人とも小さな私立学校に通うようになりました。ジョージは、学校での新しい友だちの輪に参加するようになり、もはやジョシュの友だちでありたいと思わなくなりました。ジョシュは打ちひしがれました。彼の両親は、自分の息子がジョージと友だち関係を維持するよう励まし、かなりの関心を注ぎました。両親はジョシュが新しい学校に受け入れられること、特にジョージに受け入れられることが重要だと感じていました。しかし、ジョシュがジョージとの友だち関係を築こうと頑張れば頑張るほど、ジョージは無情に彼を扱い、他の多くの子どもたちが彼をからかうようになりました。ジョシュが固執すれば、ジョージはよりイライラし、ジョシュの気持ちはさらに傷つくのでした。

これらは、親友関係が冷え込んだ初期の警告サインになります。ジョシュのジョージとの友だち関係はこのプロセスにおいて3つのステージを通過したと言えます。

1　初期段階

・ジョシュは、たいてい友だちを招待して遊んでいた。
・ジョージは、ジョシュの招待を頻繁に断るようになった。
・ジョージは、一日か二日それを受け入れた（他に良い誘いがなく、遊びにどうしようもなくなった場合のみ受け入れていた）。
・ジョージと彼の母親は、もはや誘いを受けることに喜びを感じなくなった。

2　後期段階

・ジョージは、ジョシュからの誘いを全て拒否するようになった。
・ジョージは、決してジョシュを遊びに招かなかった。
・ジョージは、もはや学校でジョシュを探し出すことをしなくなるだけでなく、彼が加わることも嫌がるようになった。

3　引き返せない地点

・ジョージは、ジョシュに自分のところに加わってほしくないと伝えている。
・ジョージたちは、ジョシュに嫌がらせをしてからかい始めている。

残念なことに、ジョシュが固執することは事態をより悪くしてしまいました。彼はついに引き返せないポイントまで来てしまいました。彼はジョージと友だち関係を維持しようと努力することによって他の少年からは愚かに映ってしまったのでした。

問題解決：あなたのこどもが友だちから避けられることに対処する

冷めてしまった友だち関係に対処する一番の方法は、親友の喪失を受け入れ、次に進むことです。

ステップ１：初期段階での出来事を把握する

もし、友だちがあなたの子どもから冷めたことを示す初期段階の兆候が見られたならば、その友だちを招待するペースを落としましょう。

母親：いつも家に来てもらって遊ぶのは良い考えではないわ。ジョージが家に来てもらうのは来週以降に待ってみない？　明日、家に来てもらって遊ぶのに誰がいいかしら？

ステップ２：他の子どもと遊ぶことを計画する

他の子どもを招くことに目を向けることは、あなたの子どもが学校で他の子どもに注意を向けるのを助けます。このことは、あなたの子どもがつらすぎて友だちになろうとしたがらなくなるほどの冷え込んだ友だち関係のプレッシャーから解放してくれます。仮に彼の友だち関係の冷え込みが後期段階に達したとしても、学校で会い、家に遊びに来てもらうのに助けとなる他の友だちを持つことになるでしょう。

あなたの子どもが他の子どもに会いたがったとしても、ステップ１と２を固く守ってください。もしあなたがこの初期段階を十分に把握することができれば、あなたの子どもは友だちを失わないかもしれないのです。ジョシュの父親はジョシュに学校で会う子どもで遊びに来てくれそうな子どもは誰かと尋ねました。もしジョシュの父親が引き返せないポイントに来る前に行動を起こしていたら、ジョージはしばらくすると再びジョシュの友だちになりたいと思うかもしれないのです。あなたの子どもの友だち関係が引き返せないポイントまで進んでいたかのように見えたならば、ステップ3に進みます。

ステップ3：あなたの子どもが友だちの喪失を悲しむのを手助けする

ジョシュの父親は、彼の悲しみに共感し、彼の気持ちに寄りそった。

ジョシュ：ジョージは、もう友だちでいたくないといったよ。

ジョシュの父親：それは残念だったね。どうしてそうなったと思うかな？

ジョシュ：学校で僕が好きでない友だちと一緒にいるから。

ジョシュの父親：それは大変だったね。私も一度友だちを失ったことはあるけれども、あれはつらかったよ。

ジョシュ：これに関して僕にできることは何？

ジョシュの父親：何もないよ。君がジョージと友だちでいないといけないわけではないんだ。ジョージが他の友だちを見つけたように、君もそうすればいいんだ。

これによってプレッシャーが取り除かれました。ジョシュは一時期意気消沈しましたが、両親の励ましがあり、彼は新しい友だちを見つけたのでした。

次のステップ

親友を失うことはとてもつらいことですが、私たちはみなある時期にこのような経験をします。そして気持ちの整理をつけるたやすい方法はありません。もしあなたの子どもが新しい友だちを作るスキルを持っているならば、そこから話を進めていきましょう。もしそうでなければ、７章にある新しい友だちを作るステップに進んでいきましょう。

20　離婚と引越し

問題

・離婚し、親権を共有下で、子どもは友だちから離れることになることもあります。私たちは何をすべきでしょうか？
・子どもが引越しで友だちから離れる準備として何をすることができるでしょう？
・新しい地域へ引越しした後、子どもがその場に適応していくのにどんな手助けができるでしょうか？

背景：引越しによる別れ

引越しによる友だちの喪失は、特に女の子にとって辛いものです。そのため、男の子に比較して新しい友だちを作るのが遅くなりがちです。

10歳のミアは読書が好きな明るい少女です。彼女には共通の関心を持った3人の親しい友だちがいました。彼女の両親は転職のため引越しを余儀なくされました。ミアは、普段はとても静かで新しいクラスメイトと友だちになる代わりに、より多くの本を読む行動に入りました。彼女の両親は読書に没頭し、他の女の子を家に招かないことを心配しました。

新しいクラスでの他の女の子は彼女に親切にしていましたが、彼女らは自分たちの友だち関係で忙しかったようです。ミアは学校でよく振る舞っていました。2～3カ月後、他の子たちは彼女に一緒に宿題をしようと誘いました。そして彼女は新しい友だちを作り始めました。

ミアの家族はみな、引越しによって友だちとの別れが生じたと感じていました。しかし、ミアは以前友だちがいて、新しい学校で受け入れられる社会的スキルを持っていました。つまり、彼女はどのように友だちを作り、親友とどのように振る舞うかについて知っていたのです。

頻繁に引越しする家庭にいる子どもは、特に引越し後は脆い状態にあります。子どもたちは、特に最終的に一カ所に腰を落ち着ける時でさえ、親しい友だちは一時的なもので、上手く過ごすことに害となると学習してしまいます。

12歳のナンシーの家族は、（彼女が幼稚園に在籍中に3回引越したように）一つの場所に2～3年とどまることはありませんでした。彼女はいくぶんおとなしいですが明るい少女です。彼女が今いる学校の多くの子どもたちは、現在少なくとも複数年にわたる親友がいます。引越しをするたびに、ナンシーは前に住んでいた場所での仲良しの友だちを失うことを嘆き、新しい女子たちと仲良くなるのが難しくなりました。結局、学校で他の女子たちと仲良くなるけれども、親友を作るのは難しくなりました。最後の引越しで、他の女子たちの親友を作らず、母親と親しく過ごしています。

離婚は全ての人にとって（特にシングルの親子にとって）、非常にストレスフルな体験になります。多くの場合、離婚は家族をバラバラにするだけでなく、友だち関係やソーシャルサポートも引き離します。親友を維持することは、離婚に対する子どもへのストレスをいくらか軽減するということを示した研究もあります[1]。

ブラッドリーは、6歳の時に両親が離婚した経験を持つ11歳の男の子です。親権に従って、ブラッドリーは毎月2週間父親と過ごし、残り2週間は母親と過ごすことになっています。ブラッドリーは親しい友だちがいませんでした。父親と母親は30キロメートル離れた場所に住んでおり、学校は母親の自宅の近くにあり、父親の家で過ごす時は学校の友だちと会うことができなかったのです。ブラッドリーの母親は、家事と仕事に忙しく、他の親と関わる時間や子どもを遊びに招く手はずを整えることができませんでした。ブラッドリーの父親は、大部分の時間を自分の息子と過ごすことを望んでおり、いつも自分のそばにいるようにするためブラッドリーの仲のいい友だちが全くない状態となっていました。

問題解決：あなたの子どもが変化に適応するのを助ける

多くの子どもたちは、心地良い日常生活を求めています。離婚と引越しは、その日常生活を壊すだけでなく、子どもの適応を手助けする両親のサポートが提供されて有効に働く可能性を壊してしまうのです。

あなたの子どもが、離婚後に友だちからのサポートを維持するのを手助けする

ブラッドリーは、両親が離婚した直後、一時期孤立していて、親しい友だちのサポートを必要としていました。彼にとって解決はたやすくはありませんでした。締結された親権が、その時にあったブラッドリーの友だち関係を壊してしまいました。それゆえ、彼は友だち関係を維持することがかなわなかったのです。そうであっても、両親の片方あるいは両方が家族全体にとって役立つステップがあります。

母親は、全てのことを一時的に後回しにして、ブラッドリーが友だちと遊ぶのを手助けできるでしょう。こ

れらのことが軌道に乗ると、母親は11歳の子どもとの家庭生活に楽しみを持って、より良く機能できるでしょう。自宅に招いて遊ぶことがお互いに行われた時に、ブラッドリーが相手の子どもの家に招かれるようになれば、十分元が取れます。母親は、ブラッドリーに10章で書かれているように友だちの自宅に電話をかけるのを教えることもできるでしょう。彼女はブラッドリーに、ブラッドリーと父親が自宅にいる時に学校からの友だちとの触れ合いに電話やＬＩＮＥ、ショートメールを使用するよう促すこともできるでしょう。

多くの一般的な親権は、母親が主要な親権を持つこと、父親は隔週の週末に子どもと過ごすというものです。このことは、子どもが関心のある友だち関係の場を壊すことが多いので、両親は自分の子どもを手助けする手立てをする必要があります。

クリスは、２歳という幼い時期に両親が離婚した経験を持つ８歳の男の子です。家族は、不定期にさまざまな問題においてお互いにつらい争いを続けていました。しかし、両親は友だちと遊ぶことの価値についてしっかり分かっていたし、クリスが友だちを家に連れて来たがっていたことに注意を払っていました。母親やクリスの友だちたちから20キロメートル以上離れたところに住んでいたけれども、クリスが父親の家にくる時は、父親は前もってお泊り会の準備をするように努力を積み重ねてきました。クリスは友だちを連れてくることもありましたが、お泊り会のあと父親はその子どもを家まで送っていきました。

あなたの子どもが引越しで友だちと別れることに適応するのを手助けする

私が10歳の子どもだった時、良い子どもたちの集団にいると感じていました。獣医になりたいという夢を持っているマークとシドラー、素晴らしいユーモアセンスを持った賢い子どものジョープルーイット、カッコいい存在が目立ちすぎて腹を割って話すことができないジョニーロッドたちがいました。私がカレッジに通っていた時、私は彼らから取り残された気持ちになりました。私は今でも彼らがいなくてさみしいと思っています。たとえ彼らと頻繁に会えなくても、彼らと友だちであると確認できるのは居心地の良いものです。
引越しをした時、家族が友だちに関してやることは次の3つの段階です。

1．旧友との別れ
2．旧友の喪失を悲しむこと
3．新しい友だちを作ること

以下に述べるステップは、旧友と別れ悲しむことに十分時間をかけることを許し、それからあなたの子どもが新しい友だちを素早く見つける方法について述べています。

ステップ1：引越しの1～2カ月前に友だちに伝えよう

引越しの1～2カ月前に友だちに伝えることは、みんながそのことを上手く扱う時間を与えます。友だちに伝えるのが早すぎると、別れのプロセスが早く始まりすぎる可能性があるし、両親はあなたの子どもが家で遊ぶことを優先順位として最後にしてしまうかもしれません。ここに、あなたが引越すことを知らせる気の利いた方法を紹介します。

ローラの母親：［ミュリエルと遊び終わった時に、彼女と母親に対して］ごめんなさい。月末に私たち家族が引越すことをお伝えしないといけないの。ミュリエルとローラはずっと良い友だちだったから。お互いにさみしくなるはずだと思って。
ミュリエルの母親：いつ引越されるの？
ローラの母親：3月1日よ。それまでに彼女たちは2回ほど遊べるので、その時にさよならすることでいいかしら？
ミュリエルの母親：それがいいわ。いつ会えそうかしら。

2人の母親はお互いが遊ぶ計画をしました。仲良しの子どもたちは、最後の日まで一緒に遊び続けたいと望んでいます。このように、お互い支えあい、友だち関係がとても価値あるものであるというメッセージをお互いに示すことになります。

ステップ2：最後の遊びの時にさよならを伝える

結婚や卒業、そして引越す前にさよならを言うといったセレモニー（儀式）は、私たちの人生において大きな変化をもたらします。期待することと同じく不確かなことを共有することは、自分たちを心地良くするために必要なことです。子どもたちはお互いを思い出すために記念品を交換するとスムーズでしょう。記念品は、安価なものですが個人的意味が込められているのが一番です。例えば、彼女たちが縄跳びでよくあそんでいたならば、あなたの娘さんが好きな縄跳びが親友に贈るのに理想的です。

ステップ3：新しい近所のことについて子どもと話す

私の所属する学部において学部長が退任する時、彼の別れの言葉は以下のようでした。「変化とは喪失の時間

であり チャンスでもあるのです」。この言葉は、あなたの子どもが引越しについて考える時に、前向きなやり方といえるでしょう。もしあなたの子どもが引越しについて心配しているならば17章におけるステップに従ってください。共通した心配ごとは以下です。

・自分の好きな友だちと出会えるかな？
・私のことを好きになってくれる子どもがいるかな？
・新しい学校を好きになれるかな？
・新しい部屋は今と同じくらい居心地いいかな？

新しい学校や近所についてぜひ子どもに話してあげてください。そして新しい体験をする準備をしてください。子どもが引越しを新しい友だちに出会える機会として捉えられるようにしてください。

母親：新しい家では、あなたの寝室があるのよ。
シー：ブルーク［妹］はどこで寝るの？
母親：あなたの隣の部屋で寝るのよ。
シー：私の動物のぬいぐるみを置く場所はあるのかしら？
母親：置けるように手伝うよ。どこにあったらいいと思う？
シー：ベッドの上にハンモックがあれば寝る時に見れるけどどうかしら？
母親：いいよ。新しく住む家のブロックの端にあなたと同じ年の女の子が住んでいることが分かったの。

シー：その子は、ローラーブレードとか好きかなあ？
母親：分からないわ。聞いてみるといいよ。

ステップ４：子どもが旧友との友だち関係を続けるようにする

親しい友だちを失うのはつらいことですが、多くの子どもたちはこの喪失について喪（悲しみ）の過程を過ごします。あなたの子どもが友だち関係を続けることができなくなった時でさえ、友だち関係を大切に思い続けることを手助けしてください。

チェルシーは９歳の女の子で、幼稚園時代からキンバリーと仲良しでした。チェルシーが４年生になった時に、彼女たち一家は引越すことになりました。新しい家に住んで３カ月間は毎晩彼女は、キンバリーのことをとてもさみしく思い、すすり泣きをしていました。

キンバリーからの返信は一度もなかったにもかかわらず、キンバリーに手紙を書いた時はチェルシーは気分が良くなりました。２年後、キンバリーから一回のみ連絡があっただけでしたが、チェルシーはキンバリーのことを親友とみていました。

インタビュー調査をした他の女の子と同様に、チェルシーが彼女のことを宝物のような親友であると感じていることは重要です。チェルシーの変化していく世界において、キンバリーはアンカーポイント（動くことのない大切なもの）なのです。彼女は再びキンバリーに会わないかもしれないし、連絡がないかもしれません。しかし、手紙を書くことは彼女の気分を良くさせたといえます。時折、別れた親友が連絡をとっていることがあり、返信が一度もないこともあります。チェルシーの母親は、特に引越してすぐは手紙を書くことを勧めていました。

母親：キンバリーに会えなくてどれだけさみしいかという気持ちを手紙に書かないの？
チェルシー：すでに書いたのよ。でも返事がないの。
母親：書くことは、時にあなたの気分を良くしてくれるわ。手紙を送るかどうか書いてから決めればいいわ。

年上の女の子は、LINE（11章を参照のこと）を用いて連絡します。しかし小さい子にとって手紙を書くことは喪失を扱うのに役立ちます。

ステップ5：休みや地域資源を活用して新しい友だちに出会う

子どもが親友と別れることで悲しむのはよくあることであるけれども、可能な限り早く、新しい友だちに会い始めるのは健全な方法です。新しい友だちに会い始めるのに、この喪失を乗り越えるのを待とうとしないでください。

8歳のケイラは、自宅から5分ぐらいのところに学校がある地域に引越してきました。母親のタニカは、新しい学校で親子で出席できる活動を夏休み中探しました。タニカは、ケイラを近所の子どもたちが参加するキャンプに登録しました。ケイラは、キャンプで同じ学校に通う8歳の遊び相手になるメリッサを見つけました。ケイラはメリッサのことが好きになり、お互いに遊ぶようになりました。2人の少女は一緒に楽しみ、次に述べるような価値ある遊びをしました。

学校での第1週は、ケイラは休み時間に、運動場でメリッサと会ってすぐ一緒に過ごしました。ケイラとメリッサはお互いにまた会うのをワクワクしていました。

新しい学校の始まりは、特にクラスに知り合いがいない場合は子どもにとってストレスフルです。夏休みは、遊ぶ時間がたくさんあり、平日は忙しい両親も進んで遊びに連れて行ってあげられるため、引越してきた家族にとってベストな期間です。タニカは効率的に地域の資源（行事など）を活用し、夏休み期間中にケイラが新しい学校で他の子に出会うのを手助けしました。そして残りの期間、ケイラは友だちに会うことができました。

新しい友だちを作るのに良い時期は、年度始まりです。新しいクラス分けは、前年度の友だち関係を壊し、同時に多くの子どもたちは新しい友だちを探します。4～5章のステップに従って、新しく近所で活動できるものを見つけ、参加してください。

次のステップ

あなたは、離婚によって引き起こされた友だち関係の変化への適応、あるいは引越し後に友だち関係を再び始めることを手助けしました。新しい友だちを見つけることは、難しい時間をあなたの子どもが人生の困難な状況の一つを克服する機会へと変えることでしょう。もしあなたの子どもが新しい友だちに出会うのに問題を抱えているならば、7章のステップに従ってください。遊びに誘う友だちを探し始めるなら、10・11章にあるステップに従ってください。

第４部　からかい、いじめ、卑怯な行いへの対処

これらの３つの問題は全て「いじめ被害」として説明できますが、調査によると、その原因と効果的な対応は大きく異なります。そのため、これらは別々の章で扱います。

21 からかいが楽しくないようにする

問題

・私の子どもはからかわれています。どうすればからかいを止められますか？

背景：からかいの特徴

からかいは、他の子どもに向けられた批判的な発言として定義されます。威嚇や脅迫（24章参照）、または子どもがいない時に広まるウワサは、からかいに含まれません。ウワサは22章で扱います。研究によると、からかいは小学校で最も一般的ないじめ被害の形態であり、低学年の子どもは主に悪口を言ってからかい、中学年以上の子どもでは被害者またはその家族をけなしてからかいます[1)]。

からかいは家族の尊厳を傷つける可能性があります（特に母親）。誰かを怒らせたり、他人をだしにして笑ったりすることは、どのようなものであれからかいとなります。からかうことはユーモアのあるものかもしれませんが、それは被害者をだしにするいやみな批判であり、傍観者の前でよく行われます。からかいの被害者の多くが、時に他の人をからかうこともあります[2)]。

被害者を嫌な気分にさせることが楽しいというのが、からかいをする主な動機です。[3] からかいを止めることが上手い子どもたちは、からかわれたことへの対応にユーモアを使います。[4] この対応は傍観者から最も効果的であると評価され、またユーモアのある対応をする子どもたちは、フレンドリーで人気があると評価されます。[5]

例えば、１年生のララはクラスメイトの女子のキムの学校生活をみじめなものにします。キムは最初、他の子どもたちとの鬼ごっこに参加しますが、ララはすぐにキムがのろまだと指摘し、バカと呼びました。他の女子はキムと一緒にからかわれたくないので、誰も何も言いません。しばらくすると、キムはからかわれるのを恐れて、先生のお手伝いをすると言って、休み時間は教室にいたがるようになります。

キムがからかいについて母親に話したら、キムの母親は動揺しました。母親は、からかいについて自分自身が何かしようとすると、キムが他の女の子に悪く見られてしまうことが分かっています。それはまた、ララにキムをからかうための材料を与え、キムをさらに気まずくさせてしまうでしょう。

なぜ子どもたちはからかうのでしょうか？　彼女が他の子と違うからといって、いじめるのでしょうか？　これは本当の理由ではありません。２つの例でこれを示します。どちらも太りすぎの2年生の男の子、ドナルドとティモシーの例です。

太りすぎだが、からかわれていない：ドナルドはスポーツでは不器用で、ボールを上手く投げることができず、ぎこちない動きで走ります。彼はとても礼儀正しく、身支度がきちんとしていて、他の人への思いやりがあります。彼は平均的な子どもで、自転車に乗ったりスケートをするのが好きで、サッカーチームでゴールキーパーをしています。何人かの男の子はいつもドナルドと遊びの約束をしたいと思っています。

太りすぎだが、よくからかわれる：ティモシーは丸々とした8歳です。彼のクラスメイトの2人は、彼を「ふとっちょ」と呼ぶのを楽しんでいます。そう呼ぶと、彼は泣いたり、彼らを追いかけたり、彼らはいじわるだと言ったり、先生に言いつけると脅したりするからです。こうした反応を彼らは笑います。時々彼はからかってくる子を何も言わずに叩くことがあり、それで彼は教師や支援員とトラブルになります。からかわれたことに対するティモシーの反応は、からかっている子どもたちにとってからかいをより楽しくしてしまい、今では彼をトラブルに陥れるために自分たちを殴るように挑発します。

もし太りすぎがからかわれる理由であったなら、どちらの男の子もからかわれたでしょう。からかわれたことへの対応の仕方など、ドナルドは身体的な実力で不足していることを社交性の魅力で補っているため、誰もからかうことはありません。いつもからかわれてしまう子どもたちは、対応の仕方が分かっていないのです。からかいへの対応を提示する前に、からかいと無神経な指摘を区別できるようになる必要があります。

からかいと無神経な指摘の比較

10歳のマークは、他の子どもたちと比べた自分のスキルのレベルに関係なく、全てのバスケットボールの試合に参加したがります。彼が自分より上手な少年たちと遊んでいた時に、ドリブル中にボールを取られてしまい、バスケットゴールへの3ポイントショットを逃し、相手チームが有利になりました。これは彼のチームの他のメンバーを困らせました。最後に、彼のチームの一人が彼に「マーク、お前下手だなあ！」と言いました。

これは、からかっている子の楽しみのためにマークを怒らせることを主な目的としたからかいではありませんでした。マークに、他の人よりもバスケットボールのスキルがかなり低いことを伝えるための、単なる無神経な伝え方でした。ここでの望ましい対応は、誰もがより良い時間を過ごせるように、マークに自分のスキルレベルに近い他の男子たちと遊ぶように伝えることでした。これをからかいとして扱うことは問題を解決しないでしょう。

からかいに対する効果のない反応

子どもたちは、誰かが動揺するのを見るのが楽しいのでからかいます。ティモシーの2人のクラスメイトは、彼を「ふとっちょ」と呼んで怒らせます。彼の反応は赤ちゃんっぽくて効果がないため、彼はからかわれ続けてしまいます。ティモシーをからかうのはごく少数の子どもたちだけですが、他の子どもたちの何人かは、からかわれた時の彼の見苦しい反応を笑います。2人の子どもがティモシーの反応を楽しんでいて、彼を犠牲にして他の子どもたちを笑わせるのが好きなので、ティモシーをからかい続けます。

先生に伝えることが上手くいくのは一年生までで、二年生では子どもたちはこれを赤ちゃんっぽいと思ってからかい続けます（「チクリ魔」）。からかってくる子から歩いて離れることは時々上手くいきます。しかし、もしティモシーやキムが他の人と遊んでいるとしたらどうなるでしょうか？　彼らはからかわれると遊びをやめますか？　ティモシーとキムにとっての鍵は、泣いたり怒ったり、遊び仲間に怯むことではなく、効果的な切り返しを学ぶことです。

問題解決：子どもにからかいを笑いものにするやり方を教える

私の経験では、あなたが子どもに教えることができる最も効果的なテクニックは、からかいを笑いにすることです。子どもは、からかってくる子が上手くからかうことができないことを笑いにします。これは、からかい返すこととは違います。子どもはからかってくる子のレベルまで下がりませんが、ユーモアを通して、からかいが彼を動揺させないことを示します（内心、動揺しても）。これを学んだ子どもたちは、初めてこれを使った時に成功したと私に伝えてくれます。彼らは傍観者から共感を得て、からかいの楽しさを奪います。

母親は父親よりも子どもにからかいへの反応を練習させることが上手です。もし、からかいがお母さんに関するものであり（例えば、「お前の母さん太ってる」）、お母さんが内容を気にしていないように見える場合（「だから何？」）、からかいから多くの傷つきを取り除きます。子どもはもはや家族の名誉を守らなければならないとは感じないので、動揺する理由が少なくなります。これが子どもに何をすべきかを教える方法です。

ステップ１：からかいについてできるだけ多くの情報を入手する

落ち着いて、淡々とした様子でからかいについて話すために、17章で学んだリスニングスキルを使用しましょう。これは子どもの傷ついた感情を和らげるのに役立ちます。誰がからかいをしているのか、そして子どもが気楽に言える範囲で、彼らが言っていることについて多くの情報を見つけてください。からかいに腹を立てたり笑ったりしないでください。また、この時点ではアドバイスをしないでください。ただ情報を収集するだけです。提案が早すぎると、あなたが必要な情報を得る前に会話が終了してしまうでしょう。

からかいの傷を和らげる最良の方法は、あなた自身を中立に保つことです。からかわれてしまうことについての子どもの気持ちに意識を向けないでください。からかっている子はあなたの子どもの気分を悪くさせ、どれほど気分が悪いかを考えさせることに成功しているので、からかっている子の思うままになってしまいます。子どもの気持ちに意識を向けてしまうと、子どもがからかいに効果的な切り返しを用いることも難しくなります。忍耐強く、子どもが望むだけゆっくりと話してもらいましょう。

お母さん：今日の学校は上手くいった？
ティモシー：［見るからに動揺している］大丈夫だよ。
お母さん：お母さんに話したいことが今日何かあった？
ティモシー：ううん。
お母さん：分かった。
ティモシー：［10分間の沈黙の後］他の子たちが今日も僕をからかったんだ。
お母さん：［真面目な口調で］んー、そうなんだ。今日あったの？
ティモシー：うん。
お母さん：今日は誰がからかったの？
ティモシー：たくさんの子たち。
お母さん：その子たちは何と言ったの？
ティモシー：サムがうちの家族を「デカ尻」と呼んで、他の子たちは笑ったんだ。
お母さん：［真面目だが中立的な口調で］デカ尻と呼んだのはサムだけだった？　それとも他の誰かもそうしてた？

母親は彼女が「デカ尻」と言った時のティモシーの反応を見ています。ティモシーが反応しない場合、母親は「デカ尻」を使い続けます。ティモシーが動揺した場合、母親はこれ以降、それを「からかい」と呼びます。

ティモシー：サムだけだよ。でも他の子たちも笑ってた。
お母さん：サムのそばで他の誰かがからかう？
ティモシー：ううん、サムだけだけど、他の子たちは笑うんだ。

ティモシーは全ての子どもたちが彼をからかうと言っていました。しかし彼は今それがサムだけであることに気づきます。

お母さん：サムがあなたをからかう時に言うのはこの一つだけなの？
ティモシー：ううん。サムは僕の家族が太っていると言うんだ。
お母さん：あのね、サムが私を太ってるって言っても気にしないから、お母さんのことは心配しなくていいのよ。

母親は、事実を集めた後で、この最後のことばを言います（それがどれほど正確であるかにかかわらず）。それは、ティモシーが次にからかわれた時に落ち着いたままでいるのを助けます。しかし、これはからかいに対処するのに十分ではないでしょう。ティモシーがからかいを笑いものにしない限り、サムは諦めることはないでしょう。

ステップ２：子どもとからかいを笑いものにする練習をする

からかいの楽しみを奪うために、からかい返すことなくシンプルでユーモアのある切り返しを使って、からかわれた時に言うことを子どもに教えましょう。子どもは異なる返事で全てのいじめに反論できるでしょう。彼が切り返しに意識を向ける時、彼はもはや傷つくように思えず、からかわれることから楽しみを奪えるでしょう。以下にある返事リストのどれかを子どもが気に入るかを確認するため、声に出して読んでみましょう。


(気持ちを込めずに)「えーん、えーん」(グーで片目をこするふりをして)。

「だから何？」

「他に言うことは考えられないの？」

「それは幼稚園で聞いたよ」

「すごく古いね、ほこりが付いてるよ」

「すごく古いな、石器時代からだね」

「それを初めて聞いた時、恐竜から落ちちゃったよ」

「おもしろいとこに来たら教えて」

「それできみの言いたいことは……」

「顔が聞いていないので、手に話しかけて」


これがリストの全てではありません。あなたとあなたの子どもはおそらくもっと考えることができます。子どもがこれからのからかいへの対応の仕方について、今から練習できます。

1．先ほどのリストまたは似たようなセリフでからかいを笑いものにする方法を、子どもに選んでもらいましょう。
2．ちょっとバカにするような調子で言うことが重要であることを覚えておき、からかいへのいくつかの返事を練習しましょう。それぞれを数回ずつ練習しましょう。
3．子どもがそれぞれの返事をするたびに、子どもと一緒に笑いましょう。

からかいを笑いにすることで、からかっている子に以下のことを示します。

・泣いたり怒ったりすることはない。
・からかい返すのは自分にふさわしくないと思っている。
・どんなからかいにも対処できる。
・からかってくる子が与えようとしている苦痛に意識を向ける代わりに、実際に切り返しすることを楽しんでいる。

子どもが小さい場合（3年生未満）、あなたは彼に何と言うべきかを正確に伝え、そして簡潔にしなければいけません（ほんの2、3語だけ）。大きな子どもであれば、上記の例のリストにある返事を使うようにさせてみるか、子ども自身に考えさせてみましょう。方法は次の通りです。

お母さん：［上記のリストをティモシーに読む］どれかをやってみない？　今度サムがデカ尻って呼んだら何て言う？　あの子のレベルに合わせてからかい返さないようにね。からかうことがもうあなたを怒らせることにならないとあの子に見せなければいけないの。
ティモシー：［抑揚をつけずにリストを読む］「それ、前に聞いたよ」
お母さん：［笑いながら］ええ、上手ね。［自信のある、ちょっとバカにする声の調子で繰り返す］「それ、前に聞いたよ」それで、サムにまた太ってる、って言われたら何て言う？
ティモシー：［今回はもう少し自信を持って］「それ、前に聞いたよ」
お母さん：［笑い］うん、上手ね。もう少しやってみよう。他には何がいい？
ティモシー：「それを初めて聞いた時、恐竜から落ちちゃったよ」
お母さん：［笑い］素晴らしいわね。それで、サムがお前はデカ尻の一人だ、って言ったら何て言う？

ほとんどの子どもたちに必要な全ての練習は、一回のセッションで済むことが分かりました。

ステップ３：子どもがこのテクニックを使ったか、それが上手くいったかを尋ねる
私はいつもアドバイスの結果どうなったかが知りたいです。翌日、母親はティモシーと次の会話をします。

お母さん：サムのからかいを笑いものにするチャンスはあった？
ティモシー：うん、サムがからかったから、僕は「だから何？」って言ってやったんだ。そしたら何も言わなかったよ。歩いて行っちゃっただけさ。

お母さん：それはすごいね！

ティモシーが初めてサムのからかいを笑いにする時は、サムは次に何を言えばいいのか分からないでしょう。彼はからかうのをやめるか、あるいは彼がまたからかう時、ティモシーが一つまたは二つの違う返答を思いついた後に彼はやめるでしょう。ですから、からかってくる子がからかいのネタ切れになる前に子どもが対応のネタ切れをしないようにするため、いくつかの返事を練習する方がよいのです。

時には、子どもたちはこのテクニックが上手くいかなかったと言うでしょう。彼らがしてしまう二つの最もよくある失敗は、上手い切り返しを一つしか持っていなかったことと、練習していない切り返しにつっかえてしまってオチを台無しにしてしまうことです。いずれの失敗もより多くの切り返しを再度練習させることが必要です。

次のステップ

あなたは子どもがからかいに飛び込むことなく対処するのを助けてきました。次の章では、より厳しい形の卑劣さであるウワサに対処する方法を示します。

22 ウワサを止める

問題

・クラスメイトが自分の子どものウワサ話をしたり広めたりするのを防ぐにはどうすればいいのでしょうか？

背景：ウワサはいかにして始まるか

ゴシップは、他人の不運から学ぶことを助けますし、それは過ちを避けるうえで役立ちます。人はネガティブな事例からより多くを学ぶので、ゴシップもそのほとんどがネガティブなものです[1]。

子どもたちは4歳か5歳にはもうウワサ話を始めます。年少の子どもたちは、例えば不衛生な子どもに対して「クランダルはひどいにおい」などと言います。年長の子どもは、年少の子どもに比べてゴシップを信じる傾向にあります。それは、学習ツールとしてのゴシップの有用性を実感しているからでしょう[2]。ウワサ（誰かについての否定的な情報）はゴシップの流れで始まります。否定することは、ウワサのネガティブな効果を払拭するうえで最も良い手段です。最も良い否定は、なぜウワサが信用ならないか、いかにウワサの出所が信頼できないかについて、強く訴えることです[3]。

小学校4年生のジェニーは、エリッサの友だちでクラスメイトです。エリッサの家で遊んだ後、エリッサは彼女が飼っていたカメの一匹がいなくなっていることに気づきました。カメは彼女が外に置いておき、誰でも手に取ることができたのですが、彼女はジェニーのせいにしました。翌日彼女は、ジェニーがカメを盗んだというウワサを広げました。一度ウワサが始まると、ほとんどの子どもたちが、まだそのことを聞いていない他の子にウワサを広げました。多くの子どもたちは、そのウワサを信じましたが、確信が持てない子もいましたが、それでも友だちに話しました。このウワサのために、多くの女の子がジェニーを避け始めました。親しい友人のうち2人のみが、このウワサを信じず、それを一貫して信じませんでした。子どもたちは、このウワサについて二週間にわたって話していました。

社会心理学者は、ウワサが広がりやすい3つの状況を挙げています[4]。

1. 子どもたちは問題の出来事について確信が持てない。もし彼女たちが実際には起きていないと知れば、ウワサは広げない。正直と評判の子どもであれば、盗んだというウワサが広まる可能性は低い。
2. 子どもたちはウワサがどれほど真実であるかを気にしない。ジェニーの友だちでない子にとって、ウワサが真実かどうかは重要ではない。
3. ウワサが、子どもたちを心配させる大きな問題（大切なペットを失うこと）である。

問題解決：子どもの評判を傷つけるウワサを止める方法

もし、ウワサを広げる人、あるいはその被害者のいずれかが、ウワサを持続させるような行動をしなければ、ウワサは最終的には自然に消滅します。ここにウワサを早く終わらせようとするいくつかのアプローチがあります。

ステップ1：ウワサを始めた子どもの親と話してみる

ウワサを止める最善の方法は、そのウワサを始めた子どもに対処することです。ジェニーの母親がジェニーの遊び友だちの両親に、遊ぶ約束をした前後でやり取りをしていたならば、エリッサの母親とも電話しやすいでしょう。

ジェニーの母親：エリッサのカメが一匹いなくなったと聞いたけど本当？
エリッサの母親：そうなの。ジェニーとの時間が終わったあとにそうなったのよ。
ジェニーの母親：カメはもう見つかったの？
エリッサの母親：いいえ。20分ほど探したけど止めたわ。
ジェニーの母親：どうしていなくなったと思う？
エリッサの母親：分からないわ。外だったし。多分迷子になっているんだと思うけど。
ジェニーの母親：エリッサはジェニーが盗んだと思っているの？
エリッサの母親：あの子はそう言ってたわ。
ジェニーの母親：うちには一匹のカメもいないわ。娘の盗みを私が許すわけないって知ってるでしょ？
エリッサの母親：確かにね。
ジェニーの母親：私が心配しているのは、ジェニーがカメを盗んだというウワサが広まって、それで学校の皆が混乱してしまうことなの。
エリッサの母親：エリッサと話してみるね。
ジェニーの母親：ありがとう。とても助かるわ。
ジェニーの母親は辛抱強く丁寧に情報を集め、母親同士の合意に至りました。今やエリッサがウワサを広めるのを止めることができます。このステップが上手くいかない場合のみ、ステップ2に進みます。

ステップ2：指導している大人と話す

我々の問題について、互いが直接的にいつでも話し合えたなら、本当に素晴らしい世界になるでしょう。しかし、誰がウワサを始めたのか分からず、あるいは一方の親がその理由を聞こうとせず、時にはできないこともあります。このウワサは教室で広まっているので、教師は介入するのに理想的な人です。もし教師が気づいていないのであれば、教師に知らせるのはジェニーの母親の役割です。母親がこれを行う方法は次の通りです。

母親：ジェニーは自分のウワサが広まっていることに腹を立てています。先生はこのことについてご存じですか？
先生：いいえ、知りませんでした。しかし、こうしたことは初めてではないでしょう。私は毎年こうした問題に出会います。
母親：女子たちはジェニーが遊び友だちからカメを盗んだと話しています。私たちの家にはカメは一匹もいないし、そのカメはその子の家の前に置き去りにされていましたし、自分でどこかへ行くこともできたのです。ジェニーはそれについて非常に腹を立てています。何人かの子がこのウワサをし続けていますし、彼女らはジェニーのことを避けています。この状況をなんとかするうえで、何か提案はありませんか？

ジェニーの母親がする重要なことは次の通りです。

・エリッサを名指しすることを避ける。エリッサがウワサを流したということから始めないようにする。
・ウワサが真実ではないことを冷静に説明する。
・落ち着いてジェニーの社会的な状況を先生に伝える。
・教師に何をすべきか教えるのではなく、むしろ助けてほしいと頼む。多くの学校職員は、もしそれが学業の障害になるのであれば、自身らが取り組むべき問題だと感じるでしょう。

ジェニーの母親は、先生からの助けを得る可能性が十分にあります。それを受けて、教師はクラスにウワサの広まりについて講義をします。それは例えば、ウワサが真実であるかどうかにかかわらず、ウワサが子どもをいかに傷つけるか、何が起きたか直接の情報もなく話す時でさえ、いかに誤ったストーリーが信じられ得るのか、についてです。教師は全てのウワサを禁止します。ジェニーについてのウワサは止まり、ジェニーのクラスメイトとの付き合いは、すぐに正常なものに戻ります。

ジェニーの先生は効果的なアプローチを使用しました。あなたの子どもが同じ問題に直面し、教師が介入を拒否した場合、あなたはウワサを自然消滅させなければならないでしょう。言い換えれば、それについては何も言わず、何もしないのです。子どもたちは、思い出させるものが何もなければ、次第に忘れます。

次のステップ

あなたは最も効果的なウワサへの対処法を使用しました。エリッサが始めたようなウワサは、子どもと親をどうすることもできないという気持ちにさせます。ウワサ話をする人への対処方法は、重要なライフスキルです。次の章では、自分の子どもが、他の子どもから身体的に傷つけられることに対処するのをどう助けるかを示します。

23　喧嘩っ早い子どもから離れること

問題

・他の子から身体的に傷つけられるのを避けようとしている自分の子どもを、私はどうやれば助けられるでしょうか？

背景：喧嘩っ早い子どもたちといじめっ子たち

まず、相手が喧嘩っ早い子どもなのか、いじめっ子なのかを把握します。あなたは、「同じではないの？　どんな違いがあるの？」と尋ねるかもしれません。実際、喧嘩っ早い子どもといじめっ子は同じではありませんし、どちらの子どもが自分の子どもをいじめているのかを理解することは、あなたが最善の行動を選択するのに役立ちます。

喧嘩っ早い子どもやいじめっ子からいじめられていい子どもはいません。しかし、喧嘩っ早い子どもといじめっ子とでは、異なる対応が求められます。表23-1から、どちらがあなたの子どもに問題を与えているか決めましょう。もしいじめっ子なら、次の章を読んでください。喧嘩っ早い子どもの場合は、読み進めてくださ

表 23-1　他者をいじめる子どもの特徴

喧嘩っ早い子どもの特徴	いじめっ子の特徴
他のほとんどの子どもに嫌われている	いじめっ子の友だちの輪がある
誰とでも喧嘩する	自分たちよりも弱くて、一人でいる、文句を言わない子どもをいじめる
特定の子どもを意図的に選択しない	同じ子どもを繰り返しいじめる
いつでも喧嘩っ早い	大人が見ていない時にいじめる
争いを解決するために他の子を身体的に傷つける	他の子をコントロールするためにひどい接し方をする
社会的なサインを勘違いしているので、喧嘩っ早い	彼らは他の子をいじめて、その反応を見て楽しんでいる

出典：喧嘩っ早い子ども：Patterson, G. R., DeBaryshe, B. D., & Ramsey, E.（1989）A developmental perspective on antisocial behavior. *American Psychologist*, 44, 329-335. いじめっ子：Olweus, D.（1993）Bullies on the playground: The role of victimization. In C. H. Hart（Ed.）, *Children on playgrounds*.（pp.45-128）. Albany: State University of New York Press.

い。

7歳のフィリップは休み時間に他の子どもと遊ぶのが好きです。ジョンは、とても背が高く、重く、強い少年ですが、フィリップに嫌がらせをします。ジョンは他の子と頻繁に喧嘩になるのですが、最近ではフィリップを叩くことがよくあります。

ジョンはフィリップがプレーしているゲームに割り込んでボールを取ります。それに対してフィリップは、涙を流しながらジョンに近づき、彼にやめるように言います。一方で、他の子どもたちは何も言いません。それに応えて、ジョンは笑ってフィリップを叩きます。

父として、誰かが息子を叩いたと聞くと、頭に血が上ります。私は世の中の父親がどのように感じるかを理解しています。しかし、たとえフィリップの両親が、フィリップにやり返すよう応援し、あるいは彼を空手レッスンに送ったとしても、それはジョンのような子どもがフィリップのような子どもを傷つけるのを止めることにはつながりません。まずフィリップはやり返したとして、ジョンに負けるでしょう。フィリップは、ジョンにいじめられたと感じるだけでなく、両親が重要と感じている領域で成功できなかったことから劣等感を感じるでしょう。

フィリップに戦うように教えようとするのは間違いです。フィリップの両親は、喧嘩は許されることで、ジョンの行いも受け入れられる、という間違ったメッセージを彼に与えるでしょう。フィリップは喧嘩っ早い子どもではありません。彼は何げなく他人の気持ちに配慮することができ、物理的な力で訴えるタイプではありません。あなたは彼をそう育てましたし、彼はこれからの長い人生もそうあり続けるでしょう。

問題解決：喧嘩っ早い子どもを避ける

フィリップの父親は、フィリップがジョンにやめるよう言う際、自分自身に注意を向けないように教えます。彼はジョンを一人で引き受けるべきではありません。喧嘩っ早い子どもを避けるように子どもに教える方法は次の通りです。

ステップ１：子どもから詳細を聞く

繰り返しになりますが、17章の手順は、子どもから喧嘩の詳細を聞くうえで役に立ちます。

フィリップ：ジョンは休み時間に僕をいじめるんだ。

父親：彼は何をするんだい？

フィリップ：僕が友だちと遊んでいる時にボールを盗っていくんだ。それに、僕を追いかけて殴るんだよ。

父親：ジョンは他の子にも手を出すのかい？
フィリップ：うん。誰も彼を好きじゃないよ。

フィリップの答えは、ジョンが喧嘩っ早い子ども（表の左列）であり、いじめっ子ではないことを証明しています。父親はフィリップから全体像を把握します。

父親：彼がボールを奪った時、どうしたの？
フィリップ：僕は彼のところに歩いて行って、返すように言うんだ。
父親：彼は返すのかい？
フィリップ：ううん。代わりに僕を殴るんだ。
父親：君は正しいよ。彼はボールを返さないといけない。しかし彼に言っても上手くいかないようだね。上手くいくかもしれない別の方法を試してみないかい？

父親はフィリップがしたことを批判しません。また、提案する前に、彼はフィリップに聞く準備ができていることを確認します。もしこの問いにフィリップが「いやだ！」と言ったなら、父親は何の提案もしません。ただ彼は、「ジョンがしていることは間違っているよ。もし君が、次回どうするといいかを知りたいと望んでいるなら、私に知らせるんだよ」と言います。

ステップ２：喧嘩っ早い子どもを避ける方法を子どもに教える

フィリップがジョンを避けるのに役立つ５つのルール。

1. ジョンと話をしない。
2. 友だちのグループと一緒に過ごす（グループは喧嘩っ早い子どもにとって、一人で遊んでいる子どもよりも近づきにくい）。
3. ジョンが近寄ってこないところにいて、身を守る。
4. 可能であれば支援員の近くで遊ぶ。
5. ジョンをからかったり、しかめっ面をしたりしない。

私の人生のモットーの一つは、「上手くいったら、それをやり続けよう。上手くいかなければ、別のことを試そう」です。これが父親とフィリップが、次にジョンがフィリップを悩ませた時に何を試みるか決める方法です。

フィリップ：分かったよ、僕は何をすべきなの？

父親：次に彼がボールを奪う時には、何もしない。彼とは話さず、ボールを持つことに飽きたかを確認するんだ。

フィリップ：でも僕のボールだよ！

父親：その通りだね。けれど、ジョンはボールが必要なわけではないし、だから誰も彼とは遊びたがらない。彼は君と喧嘩をするためにそれを使っているだけだよ。
フィリップ：彼が僕を殴ったらどうするの？
父親：そうだね、彼の近寄ってこないところに居るのはどうかな？
フィリップ：分かった。
父親：試してみて、何が起こるか確認しよう。明日それが役立ったかどうか、聞くからね。

父親は、それが上手くいくとフィリップに納得させようとはしません。彼は、フィリップが試すかはフィリップに任せます。この方法が、もし上手くいかない場合、翌日フィリップはそれについて父親に話し、さらに助けを得ることができます（父親はもう一つの提案をこっそり用意しています）。

ステップ3：それが上手くいったかどうかを後で確認する

フィリップがこれらの提案のいずれかを試したかどうか、またそれらが役に立ったかを尋ねるのは父親の役割です。父親はフィリップが試みたことを、それが上手くいかなかったとしても褒めます。

プランA
上手くいったら、彼を褒めてください。

父親：ジョンは今日も君を悩ませましたかい？
フィリップ：うん。けど、僕は彼に近づかなかったんだ。そうしたら彼は僕を叩かなかったよ。

父親：よくやったね。君が怪我をしなかったのがうれしいよ！
フィリップ：でも、ジョンはあんなことをするべきじゃないよ。
父親：その通りだね。けれど、君は正しいことをしたよ。

プランB
もし上手くいかなかった場合は、あなたの子どもが試したことについて褒めるところを見つけましょう。そして、ステップ２から別のアプローチを提案します。

フィリップ：彼は僕を困らせたんだ。僕はパパが言った通りにして、何も言わなかったんだ。でも、彼は僕をどこまでも追いかけてきたんだ。
父親：彼は君を殴ったかい？
フィリップ：ううん。でも、ゲームに戻ることができなかったよ。
父親：パパは君が彼と話をしないようにしたこと、そして君が叩かれなかったのがうれしいよ。じゃあ次回は、友だちには支援員さんの近くで遊んでもらおうか。
フィリップ：分かったよ。友だちに教えるね。

あなたの子どもにそれを試す機会を与えて、上手くいったかどうか、もう一度尋ねてください。

次のステップ

あなたは、子どもが喧嘩っ早い子どもに悩まされた時、直接関わりたい衝動と戦ってきました。あなたは、子どもが暴力なしで対処することを学ぶのを助けました。非暴力的な対応は、暴力的になり得る人々に使うのに最も安全です。

あなたの息子が友だちとグループで過ごすのであれば、喧嘩っ早い子どもからより守られるでしょう。もし子どもに友だちがいない場合は、7章、10章、12章で説明されている手順を用いて一緒に過ごす友だちを見つけるのを手伝ってください。

24　いじめっ子たちに対処する

問題
・子どもが他の子どもにいじめられている時、どうすれば助けることができますか？

背景：あなたの子どもがいじめられているかどうかの見分け方

他人をいじめる子どもは、程度の差こそあれ、いじめをします。５・６年生より幼い子どもは直接いじめます。より年上の子どもたちは、スマートフォン（スマホ）やインターネットを使って、いじめや嫌がらせ、脅迫を行うようになります。いじめの程度が軽い事例は、いじめっ子は時々他の子を馬鹿にして笑ったり、脅したりします。極端な場合には、いじめっ子は他の子どもを組織的かつ徹底的にいじめます。さいわい、多くは軽い事例です。あなたが、17章の聴く手法を使えば、子どもは軽いいじめについて話してくれるでしょう。すばやく行動すれば、いじめは深刻にはなりません。

深刻ないじめは独特で、より卑劣です。いじめは、いじめられている子どもが、いくつかの理由により、いじめられていることを誰にも言わないために深刻化するというのが一般的です。

・いじめられることはとても屈辱的なことで、そのことを話すことがとても恥ずかしいと思っている。
・彼らは、誰も自分のことを理解したり、信じてくれないだろうと思ったりしている。
・もし誰かが助けようとしてくれたとしても、状況が悪くなるだけだと思っている。
・スマホで起こっている場合には、親にスマホを取り上げられることを恐れている。

もしもあなたの子どもの行動で、何か変わった点に気がついたら、深刻ないじめがないかどうかを調べるために、探りを入れる必要があります。これが、いくつかのサインです[1]。

1. 成績が落ち始める。
2. いつもより勉強に対する関心が薄いようにみえる。
3. 学校に行きたがらなかったり、登校日に頻繁に腹痛や頭痛を起こしたりするようになる。
4. 歩いて登校しているのならば、いつもとは違うルートに変える。
5. 子どもの本やお金、その他の持ち物がなぜかなくなる。
6. 子どもが、昼食のために、余分にお金を盗んだり、要求したりしだす。
7. 説明できない怪我をしたり、洋服が破れていたりする。

最初の3つの兆候は、学校での何かに対する苦痛の一般的な兆候で、最後の4つはいじめに特有の兆候です。子どもたちのインターネット利用の拡大に伴い、ネットいじめが発生しています。ある調査によれば、11歳から19歳までの子どもたちの16％がショートメール、７％がインターネットのチャット、さらに４％が電子メールにより嫌がらせを受けたことがあることが分かりました[2]。

このタイプの嫌がらせに対する最も効果的な対応は、反応しないことです。Ｅメールのプログラムには、望ましくない送信者からの迷惑メールをブロックするか自動的に削除するフィルター機能が備わっています。迷惑メールがどのＥメールアカウントから送信されたのかを追跡することもできます。ＬＩＮＥでは、メッセージをブロックしたい相手のリストをユーザーが作成することができます。

ネットいじめについては、通常は、学校の管理者が対処するのがよいでしょう。「このような行為が生徒に悪影響を及ぼす場合や、学校にいる間に生徒の安全と福祉に悪影響を及ぼす場合には、学校外で行われた行為に対して生徒を懲戒する権利を学校の利用規定に追加すること」が推奨されています[3]。

問題解決：いじめを無力化する

いじめのパワーの方程式は、たいていいじめっ子の側にあります。だからこそ、被害者が「この状況を改善するために何かできることがある」という自信を持てるように、親がこの状況を受け止め、断固とした行動をとることが必要なのです。

ステップ１：あなたの子どもからできるだけ多くの情報を引き出す

17章で説明した手法を使い、いじめられていた時の詳細について子どもから聞き出してください。深刻ないじめを受けている場合よりも、軽度のいじめの方が、子どもは話しやすいでしょう。子どもの気分をこれ以上悪くしないように気をつけてください。なぜいじめについてあなたに教えてくれなかったのかと言うことは避けてください。あなたがいじめをどうにかすることができ、それをしようとすることで、子どもはあなたに対してさらに信頼するようになるでしょう。

いじめに対する反応は、軽度のいじめとより深刻ないじめとでは異なります。ここでは、軽度の事例から始めます。

7歳のビクターは、母親に、もう学校に行きたくないと言います。母親が理由を尋ねると、彼は「ジュリアンのそばに居たくないから」と言います。さらに聞くと、ジュリアンが毎日のようにビクターのデザートを欲しがると話しました。またジュリアンは、おんぶを要求したり、彼の決めたゲームで遊ぶよう強制します。

ビクターはとても従順なため、いじめられているのです。ビクターは母親に何が起こっているのかを伝えると、母親は彼に、ジュリアンの言うことを聞かないようにと返しました。

母親：ジュリアンのような男の子にデザートを渡せと言われたけれど、あなたはあげたくないと思っているとしましょう。本当に渡さないといけないの？
ビクター：ううん。
母親：あなたにできることを考えてみましょう。あなたは「いやだ」と言えるかしら？
ビクター：うん。でも、その子がデザートを取ろうとしたら？
母親：もう一度「いやだ」と言って、彼の手が届かないところにデザートを引き寄せるの。やってみましょう。お母さんがジュリアンになるわ。「そのデザートが欲しい」
ビクター：「だめだよ」
母親：「でも、俺はそのデザートを食べないと気がすまないんだ！」

ビクター：どうすればいい？
母親：少しだけ大きな声で、もう一回断るのよ。やってみて。
ビクター：［よりしっかりした、大きな声で］「いやだ！」
母親：［ささやいて］素晴らしいわ。［さらにジュリアンを演じて］「デザートをよこせよ」
ビクター：「いやだ！」
母親：素晴らしいわ！

８歳のデービッドは、学校から沼のそばを歩いて帰宅していると、遊んでいる3人の少年に出くわします。一人の少年が、沼を渡って向こう側に行くように言います。デービッドは何も考えずに沼地を歩いて行きます。水が胸のあたりまでくるところもあり、彼はズボンとシャツが泥だらけで帰宅します。
デービッドはビクターと同じ間違いをします。彼はいじめっ子に従うのです。いじめっ子に従わないということは、戦うということではありません。従わないということは、3人の少年たちが何か仕掛けてくるということです。デービッドにとって大切なことは、いじめっ子に状況をコントロールさせないということなのです。
デービッドは、逃げることは何よりも屈辱的なことだと考えていますが、彼は間違っています。彼は3人の少年に対して、少年らが彼をコントロールできると思わせているのです。ここでは、次回この状況が起こった時にどう拒否するかについて、デービッドの父親が彼をサポートした方法を記します。

父親：今度誰かがお前にそういうことをするように言ったら、何ができる？　男子が3人で、お前は一人でいたとしよう。

デービッド：分からないよ。
父親：まあ、考えてみようよ。3人だけがいる。近くで大人がいるところに走っていけるかい？
デービッド：でもあいつらは僕を臆病者だっていうよ！
父親：パパはそうすることが賢いと思うよ。彼らは3人、お前は一人だけなんだ。パパからしたら、彼らが臆病者だと思うよ。

次の例は、もっと深刻ないじめの事例です。エリーゼは5年生のクラスで最も賢い女の子の一人です。彼女の友だちグループは、女子2人から5人で変わります。彼女たちの共通の関心事は、体重のことや勉強ができない子たちをからかうことです。エリーゼはいつもレベッカを標的にして、彼女の両親のことをからかい、「バカな家族」と呼んでいます。彼女は、他の女子たちにレベッカと遊んじゃだめだと言います。彼女たちは、自分がターゲットにされることを恐れて、エリーゼに逆らわないようにしています。エリーゼは、本当の友だちになると約束して、レベッカからお金を「借り」ます。レベッカがお金を渡しても、エリーゼは絶対にお金を返しません。レベッカがお金を渡すことを拒むと、エリーゼは、姉がレベッカをボコボコにすると脅します。

レベッカの母親は、彼女がとてもお腹を空かせて学校から帰ってくることに気がつきました。またレベッカは、難しすぎると言って宿題をやりたがりません。成績は下がり始めていて、毎日学校に行く前に頻繁に腹痛を訴えます。レベッカの母親がどのように真相を探るのかを、ここに記します。

レベッカ：今日は学校に行く気がしないわ。気分が悪くなってきたの。
母親：あなたを心配しているのよ、レベッカ。朝はお腹が痛くて、学校から帰って来るとお腹が空いているみたいね。ランチで何か悪いことがあるの？
レベッカ：ランチは大丈夫よ。ランチタイムにお腹が空いていないだけよ。

レベッカの母親は、レベッカを気にかけていることは示しつつも、レベッカにプレッシャーをかけないよう、気づいたことのほんの一部にのみ焦点を当てます。彼女は続けます。

母親：それで、あなたはランチを買わないの？
レベッカ：そんなことないわ。
母親：毎日渡しているお金で、あなたはどうしているの？
レベッカ：エリーゼが私のランチのお金をちょうだいって言うのよ。
母親：彼女にあげるの？
レベッカ：時々ね。
母親：どうして彼女にお金をあげるの？
レベッカ：お金をあげないと、エリーゼのお姉さんが私を捕まえるって言うから。
母親：そういう時は、エリーゼは一人でいるの？
レベッカ：ううん。いつもは２人の女の子がエリーゼと一緒にいるわ。

ステップ２：状況を把握して、先生に告げ口をする
いじめについて状況を把握して、先生に告げ口をするように伝えることは稀なことです。レベッカは、他の

子たちにどう思われるか、またはエリーゼの姉に傷つけられるのではないかという恐怖心から、自分に関心を向けさせたくはないのです。母親は何が起こっているのかについて、内緒で先生に伝えます。

母親：［先生が一人でいる放課後に］今まで長い間レベッカを悩ませてきたことについてアドバイスをいただけますか？
教師：どうしたんですか？
母親：レベッカは学校に行きたくないと思っています。何人かの女の子が昼食代を要求してくるため、お腹を空かせて家に帰って来るのです。レベッカは、彼女たちにお金を渡さないと傷つけると脅されていると言っているんです。
教師：誰がやっているのですか？
母親：信じられないけれど、レベッカはそれがエリーゼだと言うんです。
教師：エリーゼがそんなことをするなんて信じられません。
母親：私も信じられません。でも、レベッカは嘘をついたことはありません。何かあるか調べていただけませんか？　それとレベッカは、エリーゼが他の女の子たちに、レベッカと遊んではいけないと言っているそうです。
教師：分かりました。
母親：何日かしたら、何か分かったかご連絡さしあげてもよろしいですか？
教師：いいですよ。

この会話の中で、レベッカの母親は、教師に何をすべきかを伝えるのではなく、助けを求めています。また、レベッカの母親は、最初は誰がいじめをしているのかは言わなかったので、教師は何が起こっているのかをより明確に聞くことができます。エリーゼはクラスで最も成績の良い女の子の一人であり、教師は彼女に関する否定的な話は聞きづらいのかもしれません。

これは、いじめ加害の子が優等生であるという最悪のシナリオです。レベッカの言葉が、エリーゼの言葉に反してしまうため、母親は、忍耐強く対応する必要があります。ビクターの事例は、ジュリアンの行動がかなり明白であったため、教師へ一言言うだけで即効性がありました。

いじめのケースに関わることは自分たちの仕事ではないと思う教師が非常に稀にいます。関わらないことはいじめを容認することになるため、これは非常に深刻な間違いなのです。もし子どもの教師がこのように感じているようなら、この面談を活用しましょう。スクールカウンセラーまたは校長先生に会ってください。学校の方針について話し合うために、法的責任と問題意識の高まりから、多くの学校関係者は、子どもがいじめを受けている時には耳を傾けなければならないと感じています。もしこれが上手くいかない場合は、弁護士に依頼する必要があります。通常は、弁護士からの手紙は、いじめが止まるまで問題を示し続けるというあなたの意思を示すのに十分役立ちます。他の子どもに対するたった一人の子どもの言葉が問題となる場合があるため、管理者には証拠を求める義務があります。他の目撃者や具体的な証拠があると便利です。

ステップ3：いじめっ子から被害者を守る

教師や学校関係者がどのようにフォローアップしているかをこまめに確認しましょう。電話は数回すれば十分でしょう。あなたの子どもが被害者なのですから、あなたは教師や学校関係者らが、今後子どもをどのよう

に守っていくのかについて発言する権利があります。いくつか提案します。――例えば、

・エリーゼは直接顔を合わせて謝罪するのではなく、レベッカに対して謝罪の手紙を書いてください。エリーゼはレベッカを恐怖に陥れてコントロールしているため、直接謝罪させられたとしても、威圧的な視線と口調で対応できてしまいます。

・エリーゼはレベッカの5～6メートル以内に接近するとペナルティを受けるようにしてください。これは、エリーゼがレベッカにしたことが間違いであり、大人に伝えたレベッカが正しいというメッセージになります。レベッカは誰かに言うことで事態が悪化することを恐れていました。レベッカに、大人はエリーゼを遠ざけることができるのだということ示す必要があります。

ステップ4：子どもを友だちと一緒にいるようにさせる

友だちグループと一緒にいることで、いじめられにくくなります。子どもが友だちと一緒にいられるように、手伝ってあげてください。

次のステップ

いじめに対して断固とした行動をとることが、このような状況にある子どもを助ける最善の方法です。ある集団からいじめられることは、いじめ加害者と被害者の双方に長期に渡る悪影響を及ぼします。

子どもが休み時間や登下校に友だちグループと一緒にいると、いじめっ子から守りやすくなるでしょう。子どもが一緒に居られるような友だちがいない場合には、7章、10章、および12章で説明している手順を使って

新しい友だちを見つけるのを手伝ってあげてください。それまでの間、学校の送り迎えをするか、子どもがこれらの時間帯に一人になることがないよう段取りを組んでおきましょう。学校側がいじめっ子を子どもから遠ざける対策をとっているかどうか、引き続き経過を見てください。

第5部　トラブルから抜け出すためのサポート

友だちがいない子ども、いじめをしたり喧嘩をする子ども、大人とトラブルになってしまう子ども、さまざまな困りごとがあります。もしあなたの子どもがこうした困りごとを抱えているなら、うんざりしたりどうしようもないと思っているかもしれません。さあチャレンジしてみましょう。

25 あなたの子どもとのトラブルに巻き込まれた大人と協働する

問題
- なぜ一部の大人は私の子どもとトラブルを起こしてしまうのでしょう？
- 教師やコーチ、他の大人と言い争いになるのを止めるにはどうすればいいでしょうか？
- 教師やコーチが私の子どもを強く叱るのを止めるにはどうすればいいでしょうか？

背景：大人に挑戦的な子ども

教師が子どもたちの理解度に合わせた内容で面白く授業をしていれば、ほとんどの子どもは静かに座って授業を受けますが、中には騒いだり反抗してくる子どももいます。こうした子どもは、クラスメイトから好かれていることもあれば、悪く思われていることもあります。

なぜ好かれる子どもと嫌われる子どもがいるのかを理解するために、先生の授業を邪魔する2人の子どもの例を見てみましょう。ここで登場する2人の子どもは同じ教室で砂絵に取り組んでいます。

9歳のニックは、友だちは多いですがいつも先生に挑戦的な態度です。先生に言われたことをからかうような発言をよくしており、他の子どもたちはそれを聞いて笑っています。例えばニックは先生に「砂絵が終わったら休み時間にしていい？」と聞いたり、太陽の絵を描こうとしている子どもに「それ風車？　ヘンなの！」と言ってしまいます。

ニック自身の砂絵にはほとんど手を付けておらず、砂を散りばめているだけです。その後、彼は他の子どもたちと一緒になって砂を投げ合ってふざけています。ニックは1時間に何度かふざけていて、いつも先生は注意します。１、２回注意すれば、彼は言うことを聞きます。

先生からすると、ニックは困った子どもでしたが、他の子どもとの活動を盛り上げてくれる存在でもありました。子どもに優しい先生もいれば（私の経験の中でも、こうした先生は私の憧れでした）、子どもとあまり関わってほしくない先生もいます。落ち着いていてしっかりした子どもを教えるのが得意な先生もいますが、そうした先生は口答えするような子どもがいると諦めてしまいます。ニックも何人かの先生と上手くいきませんでした。

同じく9歳のモンティも口答えをする子どもですが、こちらは友だちがいません。彼は先生の指示に対して頻繁に「くだらない」「つまらない」「そんなことしたくない」など、中傷的なコメントをします。図工の時間には、モンティはすることが分からなくなり、先生が別の子どもを手伝っている時に、頻繁に助けを求めてきます。

接着剤を取ろうとした時、別の子どもとぶつかってしまいました。モンティは「お前はぼくの絵をダメにした！　お前の絵もダメにしてやる！」と怒り出しました。そしてその子の絵に砂を投げ出し、その子もイヤな気持ちになってしまいました。

もし子どもが先生に挑戦的な態度をしているようなら、保護者としては大変な状況だと思います。あなたに非はなくても、子どもの行動にウンザリしている教師や大人に謝罪することも多いでしょう。あなたに必要なのは、相手の大人を怒らせることなく子どもの理解と協力を求めることです。

教師や大人があなたに子どもの苦情を言ってきた場合、２つの目的を頭に浮かべておきましょう。それは苦情を言ってきた大人と協力することと、あなたの子どもが攻撃的な行動を止めるのをサポートすることです。この章では、挑戦的な子どもについて記述しています。26章では子どもが他の子どもと身体的な喧嘩をしている場合に、さらに役立つ内容となっています。

問題解決：苦情を言ってきた大人と協働する

問題解決を手助けして、その大人を安心させてみましょう。ここではその方法を紹介します。

ステップ１：苦情を言ってきた大人と会話する

放課後のスイミングをしている9歳のキャシーの例を紹介しましょう。苦情を言ってきた大人と話す場合、まず相手の緊張をほぐしてあげるといいかもしれません。キャシーはプールの中で常に騒いでいて、監視員とトラブルを起こすことが多いです。監視員はうんざりしてしまい、「もうプールに入ってはダメだ」と彼女に言いました。そのため、キャシーはプールサイドに座って他の子どもたちが楽しんでいるのを見ることしかできません。

キャシーの挑戦的な態度で監視員はイライラしていました。彼女の両親はこのことについて監視員と話していないし、これまでどこにも相談していませんでした。そのために、プールに入ることを制限するという最終手段がとられてしまいました。

キャシーの保護者は監視員に電話をかけて、以下のガイドラインに従うことで、上手く解決できます。

1. 礼儀正しくしましょう。話していい時間帯に話しているかどうかを確認しましょう。
2. 静かに対応しましょう。
3. 質問をする時は具体的に聞きましょう。子どもに落ち度があったとあなたが思うかどうかにかかわらず、まずは相手の言い分を聞いてみましょう。相手はあなたの知らない重要な情報をたくさん持っています。
4. 気になる点や、大人の人に一緒に対応してもらえるかどうかを確認してみましょう。
5. コミュニケーションをオープンにしておくように工夫しましょう。こちらが問題を真剣に受け止めていることや、相手だけに問題解決を任せるつもりがないことを示す最も良い方法です。

キャシーの父親が電話をしました。

父親：お忙しい中失礼します。キャシーの父ですが、今、少しお時間よろしいでしょうか？
監視員：はい、大丈夫です。少し前からキャシーのことで保護者の方と話したいと思っていました。彼女は大きな問題を抱えています。

監視員は明らかに不満に思っています。父親は落ち着きを保ちつつ、具体的に聞きます。

父親：キャシーは何をしてしまったのでしょうか？

監視員：子どもたちがプールに入っていると、キャシーは騒ぎ始めてしまって、私が注意しても、口答えしてきます。他にも15人の子どもたちを見なければならないので、彼女だけにつきっきりになるわけにはいかないんです。

父親：子どもたち全員の安全に気を配っていらっしゃるんですね。いつもありがとうございます。私に何かできることはありますか？

監視員：キャシーには私が最初に注意した時点ですぐに言うことを聞いてほしいですね。

父親：分かりました。私からもキャシーに伝えてみます。彼女が言うことを聞けたかどうか、記録をつけていただいて、あとで確認させてもらうことは可能でしょうか？

監視員：もちろんです。

父親：よかった！　彼女を迎えに行った際に確認させてください。もし彼女が言うことを聞かないようでしたら、家に帰ってきた時にご褒美を減らすなどしてみます。2人で協力すれば、きっと彼女にも伝わると思います。

父親の提案は監視員のキャシーへの怒りを静めました。そして監視員は彼女にスイミングスクールを辞めてもらう以外の対応方法を見つけることができました。

ステップ2：家に帰ったら、子どもにトラブルを話してもらう

キャシーの父親は、監視員とのトラブルについての本人の考えを聞きます。この時、父親はキャシーに今後

こうしたトラブルが起こった時にどうすればいいかを考えてもらうようにします。父親はキャシーがしたことを肯定するようなことは何も言いません（本人がトラブルを避けようとした方法を説明しない限り）。父親は次のガイドラインに従ってキャシーに話をします。

・「間違っている」と非難してはいけません。非難してしまうと建設的に話ができなくなったり、会話を続けることも難しくなります。
・言い分に異論を唱えたり、「本当のことを言え！」と強く言ったりしてはいけません。これでは話が逸れてしまい、本当のことを知ることはできません。最も重要なのは、子どもが間違いを繰り返さないことです。
・トラブルが起きた相手に対して失礼なことを言わない。たとえその人が間違っていたとしても、その人を尊重する姿勢を見せるお手本になりましょう。子どもが言葉や身体的な暴力を受けていないかぎり、必ず相手の言い分の余地を残しておきましょう。
・説教になってはいけません。そうしてしまうと、あなたが少し喋っただけで、子どもはすぐに無視してしまいます。

さあ、どうなったか見てみましょう。

父親：監視員の先生が今日言うことを聞いてくれなかったと言っていたよ。
キャシー：あの人、私がやってないことで怒ってきたの。

父親：彼はなんて言っていたの？
キャシー：勝手に浮き輪をプールに投げたって。
父親：そうだったの？　それで何て答えたの？
キャシー：「やってない！　いつも他の子がしたことで怒らないでよ！」って言ったの。
父親：それでプールから出されちゃったんだね。これからはどうしようか？
キャシー：でも先生が悪いじゃん！
父親：スイミングを続けたいなら、先生の言うことは聞かないといけないよね。
キャシー：先生が悪いんだもん！
父親：先生は大人だからね、ちゃんと先生のことも大事に考えなくちゃいけないよ。

ステップ３：問題解決のための良い方法を子どもが考えられるようにしましょう

あなたにとって大事なことは、問題解決の良い方法を子どもが考えられるようにすることです。この状況で子どもが従うべき３つのルールを紹介します。

1．一回だけ相手の大人に状況を説明する。
2．相手の大人が悪いと思っていても、上手く説明できなければ、話すことを止める。
3．怒らない、質問には答える、イヤそうな顔をしない、にらまない。そうした態度をしていると大人は話を聞きたくなくなります。

彼女が口答えしないように、父親は3つのルールを教えます。

父親：次に監視員の先生に責められたら、彼に一回だけ説明をして、それで話すのを止めて、彼の言うことを聞いてほしいな。ちょっと練習してみようか。僕がその先生だとして、プールで浮き輪を投げているのを見たとしようか。そうすると僕は「やめろ！　すぐにプールから出なさい！」と言う。さあどうしようか？

キャシー：だから私はやってないってば。

父親：じゃあどういうふうに先生に言おうか？

キャシー：私やってません。でもすぐプールから出ます。

父親：いいね！　そのあとはどうしようか？

キャシー：言う通りにしてプールから出る。

父親：いいね。一回だけ自分の言いたいことを言って、反論しなかったところが特に良かったね。あと、話をしている時に先生の顔をどんなふうに見ているかな？

キャシー：［まっすぐ顔を見る］

父親：イヤな気持ちが顔に出ていなくて、すごくいいね。今のやり方を今度試してみようか。たとえ先生が間違ってると思っても、これ以上トラブルに巻き込まれることはないからね。今度結果がどうなったか教えてね。

次はこうするように子どもと約束して、実際にできたら、そのことを褒めてあげてください。子どもがこの会話をしたくなさそうな場合は、ひとまず次のステップに進みます。

ステップ4：大人に言い返そうとした場合、その都度すぐに小さなペナルティを与える

大人に言い返した後に子どもに小さなペナルティを与えると、望ましい方向への変化に効果的です。

1. ペナルティは1、2時間以内の短いものにしましょう。ペナルティを罰にするのではなく、子どもが同じ行動を繰り返さないように、ペナルティとしてちょうどよい強さにすることが重要です。口答えの回数を徐々に減らしていく場合（例えば、週に一回から2週間に一回にするなど）、子どもに身体的な苦痛を与えるようなペナルティは絶対に使わないでください。

2. ペナルティタイムはつまらない時間になるようにしましょう。例えばゲーム、テレビ、おしゃべり、チームスポーツ、スカウト同士のミーティング、といったものをナシにしましょう。子どもが遊ぶ約束をしていた場合は、その約束の時間までのペナルティにしましょう（そうしないと、友だちにもペナルティを与えてしまうことになります）。遊ぶ約束の時間が早すぎる場合、その後にペナルティを与えましょう。

3. ペナルティを開始する前に、正確なペナルティを述べます。「今日は言い返しちゃったから、18時までゲームやテレビはナシだよ」

4. ペナルティが終わったら、その件は終わりにして水に流しましょう。

5. 子どもに謝罪を求めてはいけません。子どもは、謝罪をすればまたその行動を繰り返しても大丈夫だ

と思ってしまうことがあります。事態を改善する唯一の方法は、その行動を繰り返さないことです。最初の一回目を含め、子どもが問題を起こすたびにペナルティを与えましょう。ほとんどの子どもは、してはいけないと自覚している行動に対しては、ペナルティを受け入れます。

ステップ5：問題を指摘している大人に確認する

問題を指摘した相手の大人から日毎、あるいは週毎に報告してもらい、トラブルの数を記録しておきましょう。トラブルの数が1週間に数件の場合は、週毎の合計を記録しておきましょう。

プランA

週毎の合計数が減少している場合、それを維持しましょう。適切な関わり方ができています。

プランB

週毎の合計数が増加したり、3週間以上変わらない場合は、専門家の力を借りましょう[1]。

＊　　＊　　＊

覚えておくことが多いので、以下のチェックリストにまとめてみました。

あなたの子どもとのトラブルに巻き込まれた大人と協働するためのチェックリスト

ステップ1：苦情を言ってくる大人と話す。

・礼儀正しく丁寧な対応を心がけましょう。都合の良い時間帯に話をしているかどうかを確認しましょう。
・静かに対応しましょう。
・質問をする時は具体的に聞きましょう。
・気になる点や、一緒に対応してもらえるかどうかを確認しましょう。
・コミュニケーションをオープンにしておくように工夫しましょう。

ステップ2：家に帰ったら、子どもにトラブルを話してもらう。

・「間違っている」と非難してはいけません。非難してしまうと建設的に話ができなくなったり、会話を続けることも難しくなります。
・言い分に異論を唱えたり、「本当のことを言え！」と強く言ったりしてはいけません。これでは話が逸れてしまい、本当のことを知ることはできません。最も重要なのは、子どもが間違いを繰り返さないことです。
・トラブルが起きた相手に対して失礼なことを言わない。たとえその人が間違っていたとしても、その人を尊重する姿勢を見せるお手本になりましょう。子どもが言葉や身体的な暴力を受けていないかぎり、必ず相手の言い分の余地を残しておきましょう。
・説教になってはいけません。そうしてしまうと、あなたが少し喋っただけで、子どもはすぐに無視してしまいます。

ステップ3：問題解決のための良い方法を子どもが考えられるようにしよう。

・この状況で子どもが従うべき3つのルールを紹介します。

1．一回だけ相手の大人に状況を説明する。
2．相手の大人が悪いと思っていても、上手く説明できなければ、話すことを止める。
3．怒らない、質問には答える、イヤそうな顔をしない、にらまない。そうした態度をしていると大人は話を聞きたくなくなります。

ステップ4：大人に言い返そうとした場合、その都度すぐに小さなペナルティを与える。

1．ペナルティは1、2時間以内の短いものにしましょう。子どもに身体的な苦痛を与えるようなペナルティは絶対に使わないでください。
2．ペナルティタイムはつまらない時間になるようにしましょう。子どもが遊ぶ約束をしていた場合は、その約束の時間までのペナルティにしましょう（そうしないと、友だちにもペナルティを与えてしまうことになります）。遊ぶ約束の時間が早すぎる場合、その後にペナルティを与えましょう。
3．ペナルティを正確に伝えましょう。
4．ペナルティが終わったら、その件は終わりにして水に流しましょう。

ステップ５：苦情を言ってくる相手にトラブルを確認する。

プランＡ　週毎の合計数が減少している場合、それを維持しましょう。適切な関わり方ができています。

プランＢ　週毎の合計数が増加したり、３週間以上変わらない場合は、専門家の力を借りましょう。

次のステップへ

大人に挑戦的な態度をとることは対応が難しい問題です。親としての他の頑張りと同じように、忍耐や粘り強さが成功の鍵です。あなたの子どもが他の人と喧嘩している場合は、次の章を読んでみましょう。

26　子どもの喧嘩を止める

問題

・先生から私の子どもが学校で喧嘩したと連絡がきました。どうしたらいいでしょうか？
・どのように喧嘩をやめさせることができますか？

背景：喧嘩してしまう子ども

6歳のジミーは学校の友だちがいません。ある時、ジミーはクラスメイトのアンディに寄りかかりながら教室のコンピューターの順番を待っていました。アンディはこれまでにもジミーとトラブルになったことがあったし、他の子どもがジミーとトラブルを起こしていることも知っていました。そのためアンディはモヤモヤして、ジミーをからかいだしました。ジミーはその場から逃げようとしましたが、その際に間違ってアンディの足を踏んでしまい、アンディは泣き出してしまいます。

この件はジミーが起こした今週3回目のトラブルであったため、担任の先生は校長先生に事情を伝え、校長先生は保護者に電話しました。帰り道に、ジミーは自身の言い分を話し始めました。「アンディは何もしてないのに意地悪をしてきて、逃げようとしたら、間違って足を踏んじゃっただけなの！」ジミーの保護者は最近他にも相手を傷つけたトラブルがあったにもかかわらず、ジミーの言い分を信じてしまいます。保護者はそれ以上何もせず、この状況は変わりません。ジミーは意地悪をしてくる人を傷つけてしまいますが、自分自身が意地悪をしてしまっていると思っていません。ただ、自分を好きなクラスメイトがいないことには気づいており、からかわれていることもわかっています。保護者は、ジミーがクラスメイトを挑発してしまっていることには気づいていません。

子どもはいろいろな行動をしますが、喧嘩は年齢とともに悪化していきます。[1] 保護者の中には「私も小さい頃はこうだったし、大丈夫だったよ」と言う人もいます。しかし喧嘩をする子どもは、非行や学校中退など、後に深刻な社会問題を引き起こすリスクが高いことが研究で明らかになっています。[2] 他にも、「子どもの喧嘩はよくないが、自分にできることは何もない」と思っている保護者もいます。保護者が深刻な問題として捉え、次のステップに進むことで、子どもが喧嘩をしないようにできます。

問題解決：問題解決の良い方法を子どもが見つけられるようにサポートする

多くの喧嘩は保護者が見ていない時に起こり、子どもや問題を指摘する大人から事後に喧嘩があったことを知ります。基本的なステップは25章と同じですが、子どもの喧嘩に対応するためには、より多くの助けが必要です。

ステップ１：問題を指摘する大人の話を聞く

喧嘩をする子どもは、基本的に親には言いませんし、自分がトラブルの渦中にいたことを認めません。先生から言われた時に初めて聞きます。
喧嘩した子どもの保護者は「うちの子は家では喧嘩なんてしないから、なにかの間違いかも」と言うこともあります。こうした保護者は、次のように思っています。

・他の子どもが喧嘩をけしかけて、うちの子が正当防衛で反撃しているのかも。
・先生がうちの子を好きじゃないから、先生がいじめているのかも。先生は喧嘩をする子どもは救いようがないと思っていて、被害者を守る義務から怒っているのかも。
・男の子にとっては、喧嘩をするのは普通のこと。しかし実際には5～10％の男の子しか喧嘩しません。[3]

あなたの最初の、そして最も重要なステップは、苦情を言ってくる大人の話に耳を傾けることです。しっかり対応するために、25章のステップ1のガイドラインに従いましょう。まずは問題であることを認識したうえで、相手の大人と一緒に取り組む事が重要です。

先生：息子さんが今朝、ジョージ・メイベリーを叩いてしまったのですが……
母親：どういう状況だったんでしょうか？
先生：私も状況は分からないのですが、ジョンが叩いたのは今週これで3人目なんです。
母親：家では喧嘩はしてないのでびっくりです。今夜息子に言って聞かせます。
先生：よろしくお願いします。
母親：私も止めてほしいと思っていますので、毎日放課後にその日の記録をいただいてもよろしいですか？　ジョンが誰かを叩いたことが分かったら、しっかり言い聞かせます。それで間違ったことをしていると彼に分かってもらいたいと思います。

ステップ2：子どもにトラブルについて話してもらう

前の章と同じように、家に帰ったら子どもからトラブルの話を聞いてください。これには3つの理由があります。

- 子どもになぜ喧嘩してはいけないと言われているかをしっかり理解してほしい。
- 喧嘩をしていい理由はないことを理解してほしい。
- 喧嘩ではない形での解決方法を考えてほしい。

喧嘩を避けようとしたものではないかぎり、彼の正当化を支持してはいけません。このようにしてみましょう。

母親：先生が今日ジョージと喧嘩したことを教えてくれたわ。
ジョン：ジョージが最初に手を出してきたんだ！
母親：何があったの？
ジョン：ちょっと考えごとをしてたんだ。そうしたらジョージがふらっとこっちに来て、僕のボールを取ったんだよ。僕は叩いてない！　ボールを取り返しただけだよ！

子どもの言い分に口を挟んで話が脱線しないようにしましょう。今、あなたは子どもに喧嘩の原因となった状況について考えてもらっているのです。

ステップ3：子どもにトラブルへの良い対処法を考えてもらう

以下の例のように、トラブルに対する攻撃的ではない対処法を子どもが考えることをサポートしましょう。

怒りそうになる刺激や状況	反応
他の子どもが自分のおもちゃで勝手に遊んでいる	自分のものであることを伝える
他の子どもが何度もボールやおもちゃを取り上げてくる	自分より年下の場合：大人に伝える。 自分より年上の場合：何もしない（彼らは怒らせようとしているだけです）
他の子どもがからかってくる	21章のからかいを笑いものにするテクニックを使う
他の子どもが押したり叩いたりしてくる	その子の追いかけてこれない場所に移動して他の子と一緒にいるか、大人の目がある場所に行く
他の子どもが勝手にグループに乱入してくる	他のグループの子に任せる

子どもの行動プランに関して、2つの重要なルールがあります。

1. 喧嘩の理由を一切認めてはいけません。子どもが喧嘩をした時に聞く最も一般的な言い訳は、「他の子が先に手を出した」です。自己防衛は言い訳になりません。喧嘩をする子どもはちょっとした事故を挑発だと勘違いすることが多いとする研究もあります[4]。保護者のみなさんから、実際に喧嘩の言い訳を認めないようにしたら喧嘩が止まったという話も聞いています。

2. 他の子どもの喧嘩を見ないようにしましょう。子どもの他の一般的な言い訳は、喧嘩に関与していなかったということで、「見てただけ」や「止めていた」など言い訳をします。しかし、喧嘩の仲裁は大人の仕事です。あなたがこのルールを作っていたのに子どもが喧嘩を近くで見ていたなら、間違っているかどうかすぐに判断できます。難しいことを聞かなくてもいいですし、やってもらうことも簡単です。

母親はジョンに喧嘩の避け方を教えます。

母親：喧嘩は何があっても絶対にダメよ。ジョージがボールを取ろうとしたら、これからはどうしたらいいと思う？
ジョン：でも僕のボールだもん！　ダメだよ！
母親：でも喧嘩はダメなことよね。喧嘩以外でどうしたらいいかしら？
ジョン：ジョージには触らないようにするよ。あとは離れてみるとか。
母親：触らないというアイディアはいいわね。離れる必要はないわ。だけど何もしなくていいのよ。彼が飽きてしまうまで、どのくらいボールを持っているかを見てみましょう。ジョージは多分怒らせようとしているだけなんだから。

ジョン：分かった。

このジョンとの会話だけでは喧嘩をやめるには十分ではないでしょう。

ステップ4：喧嘩をしてしまった場合、その都度すぐに小さなペナルティを与える

25章と同じように、ペナルティのガイドラインを使いましょう。

1. ペナルティは1、2時間以内の短いものにしましょう。
2. ペナルティタイムはつまらない時間になるようにしましょう。例えばゲーム、テレビ、おしゃべり、チームスポーツ、スカウトミーティング、といったものをナシにしましょう。子どもが遊ぶ約束をしていた場合は、その約束の時間までのペナルティにしましょう（そうしないと、友だちにもペナルティを与えてしまうことになります）。遊ぶ約束の時間が早すぎる場合、その後にペナルティを与えましょう。子どもに身体的な苦痛を与えるようなペナルティは絶対に使わないでください。
3. ペナルティを開始する前に、正確なペナルティを述べます。「次はもっといい解決方法を考えられるといいかもしれないね。だけど今日はペナルティで18時までゲームやテレビはナシだよ」
4. ペナルティが終わったら、その件は終わりにして水に流しましょう。子どもに謝罪を求めてはいけません。子どもがトラブルに巻き込まれるたびにこのペナルティを与えましょう。

ステップ5：苦情を言ってくる大人に確認する

苦情を言ってくる相手の大人から日毎、あるいは週毎に報告してもらい、トラブルの数を記録しておきましょう。トラブルの数が1週間に数件の場合は、週毎の合計を記録しておきましょう。

プランA

週毎の合計数が減少している場合、それを維持しましょう。適切な関わり方ができています。

プランB

週毎の合計数が増加したり、3週間以上変わらない場合は、専門家の力を借りましょう[5]。

＊　　＊　　＊

ここまでの喧嘩を止める方法を以下のようにまとめました。

身体的な喧嘩を止めるためのチェックリスト

ステップ1：苦情を言ってくる大人の話を聞く。

・礼儀正しい丁寧な対応を心がけましょう。話してもいい時間帯に話をしているかどうかを確認しましょう。
・静かに対応しましょう。
・質問をする時は具体的に聞きましょう。
・気になる点や、一緒に対応してもらえるかどうかを確認しましょう。

・コミュニケーションをオープンにしておくように工夫しましょう。

ステップ2：子どもにトラブルについて話してもらう。

家に帰ったら子どもからトラブルの話を聞いてください。

・「間違っている」と非難してはいけません。非難してしまうと建設的に話ができなくなったり、会話を続けることも難しくなります。

・言い分に異論を唱えたり、「本当のことを言え！」と強く言ったりしてはいけません。これでは話が逸れてしまい、本当のことを知ることはできません。最も重要なのは、子どもが間違いを繰り返さないことです。

・説教になってはいけません。そうしてしまうと、あなたが少し喋っただけで、子どもはすぐに無視してしまいます。

ステップ3：子どもにトラブルへの良い対処法を考えてもらう。

喧嘩に関して、子どもが従うべき2つのルールがあります。

・どんな理由があっても喧嘩はしてはいけない。

・他の子どもの喧嘩を見ないようにする。

ステップ4：喧嘩をしてしまった場合、その都度すぐに小さなペナルティを与える。

1．ペナルティは1、2時間以内の短いものにしましょう。子どもに身体的な苦痛を与えるようなペナルティは絶対に使わないでください。

2. ペナルティタイムはつまらない時間になるようにしましょう。子どもが遊ぶ約束をしていた場合は、その約束の時間までのペナルティにしましょう（そうしないと、友だちにもペナルティを与えてしまうことになります）。遊ぶ約束の時間が早すぎる場合、その後にペナルティを与えましょう。

3. ペナルティを開始する前に、正確なペナルティを述べましょう。

4. ペナルティが終わったら、その件は終わりにして水に流しましょう。

ステップ5：問題を指摘している大人に確認する。

プランA

週毎の合計数が減少している場合、それを維持しましょう。適切な関わり方ができています。

プランB

週毎の合計数が増加したり、3週間以上変わらない場合は、専門家の力を借りましょう。

次のステップ

喧嘩は難しい問題であるため、これを解決できたなら、本当に素晴らしいことだと思います。喧嘩は友情を妨げるだけでなく、思春期にはより深刻な問題につながります。喧嘩してしまうことで子どもの好感度が下がっている場合は、30章を読んでください。その後、あなたの子どもが友だちを作り、維持するために必要なサポートのために、第2部と第3部の章も読んでみましょう。

27　多動に関わる問題を克服しよう

問題

・子どもがいつも考え無しで行動してしまって、すぐに友だちと仲が悪くなってしまいます。どうしたらいいでしょうか？

・子どもが同年代の子どものようにゲームやいろいろな活動に熱中しません。どうしたらいいでしょうか？

背景：ＡＤＨＤの子ども

11歳のガスは非常に明るい性格ですが、学校の成績は悪いです。教室では騒ぐことも多く、授業中も先生を困らせています。他の男の子とは仲が良く積極的で、活力に満ち溢れ、誰とでもすぐに話ができます。しかし、ガスがどういう人かが分かってくると、他の男の子はガスにイライラし始めます。遊びの中でヘンなことをすると真っ先に指摘されますし、順番を待てずゲームの途中でも抜けてしまいます。

ガスはＡＤＨＤです。主な特性や症状は[1]、

1. 細かいことに注意を払わなかったり、学業やその他の活動でケアレスミスをしたりすることが多い
2. 課題や遊びなどで注意を持続させることが難しい
3. 直接話しかけているのに、聞いていないように見えることが多い
4. 指示に従わず、学業や家事が終わらないことが多い
5. 課題や活動を整理することが困難な場合が多い
6. 持続的に頭を使う作業（学業や宿題など）を避けたり嫌ったり、やりたがらないことが多い
7. 課題や活動に必要なモノをなくすことが多い
8. 関係ない刺激に気を取られやすい
9. やるべきことを忘れていることが多い

加えて以下のうち6つ以上に当てはまる。

1. 手足をそわそわさせたり、座っている時も落ち着きがない
2. 座り続けなければいけない状況で席を立ってしまうことが多い
3. 不適切な状況で走り回ったりどこかに行ってしまうことが多い
4. 静かに遊ぶことが困難なことが多い
5. あちこちに、あるいは急に動き回ることが多い
6. 過剰に話すことが多い
7. 質問が終わる前に答えてしまうことが多い

8．順番を待つことが困難なことが多い
9．他の人の邪魔をしてしまうことが多い

ADHDの特性や症状はガスに大きく2つの影響を与えます。

・長時間に及ぶ、持続的に頭を使う活動を含めたさまざまな活動に関する集中力が低い状態にあります。
・自制心が低くなっています。ガスは交代することができず、何が起こっているのか分からないまま余計な口を挟み、彼の衝動的な行動で友だちと仲が悪くなってしまいます。彼は何も考えずに他の人をからかい、その仕返しでからかわれます。

ADHDの子どもの約半数が、友だちを作ったり、仲良くし続けることが困難であると研究によって示されています。[2] ADHDの子どもの約60%は大人に言い返したり、喧嘩をしてしまいます（こうした問題に対処するためには25章と26章を参照してください）。[3] ADHDで友だち関係に問題を持つ子どもは、競争の激しいゲーム中に他人の権利を尊重することが特に難しいかもしれません。他にも、座り続ける必要がある活動を続けることも難しいでしょう（ビデオゲームに夢中になることはできますが）。こうした特性によって、ADHDを持つ子どもは友だちやチームメイトが少なくなります。また、ADHDを持つ子どもは友だち選びでも上手に判断できないかもしれません。

ADHDを持つ子どもには、スポーツの才能があまりないようで、しっかりスポーツをプレイするための学習に関して、粘り強さがないように見える子もいます。あるいは、スポーツは上手でも、常にチームメイトを批判したり、勝利について自慢して、仲良くすることが難しい子どももいます。ADHDを持つ子どもは、コーチから怒鳴られたり、チームメイトにからかわれる可能性もあります。そうして自分はスポーツが上手でないと悟ってしまうかもしれません。あるいは、友だちが褒めてくれるのではなく、試合や練習の後にチームメイトから避けられていることに気づいてしまうかもしれません。

ガスはバスケットボールに真剣に取り組んでいるグループに参加しようとします。彼はそのグループの子どもたちが何をしているのか理解しようとせず、ただ突っ込んでいきます。グループのある子どもはおかしな動きをしていることを、別の子どもはラインを踏み越えていることを責めたりからかったりします。そしてグループの子どもたちはみんなのために「ガスをゲームから外した方がいい」と言い出し始めます。そんな状況でガスは「僕は遊ぶべきではない」と思い、家に帰りました。その後グループの子どもたちにされたことを父親に伝えると、父親はガスを新たに空手教室に通わせようとします。

とはいえ、ガスのような子どもは衝動をコントロールする能力が低いため、空手などの活動は全く適していません。遊ぶ友だち選びを間違ったあとで、自分の身を守る必要があることを教えるよりも、喧嘩をする友だちを避ける方法や喧嘩をしない方法、遊ぶ友だちをしっかり選ぶ方法、第一印象を良くする方法、爽やかな人になる方法などを学ぶ方が重要です。

問題解決：ADHD特性に対応しましょう

ガスは必要なソーシャルスキルを学ぶことができますし、彼の保護者はADHDへの対処法を実践することも、ガスに人間関係に関するスキルを教えることもできます。

ステップ１：適切に評価してもらいましょう

子どもにＡＤＨＤが疑われる場合には、児童精神科医や小児科医に診断評価してもらいましょう。ＡＤＨＤは長時間の集中力とも関連しているため、簡単な面接では症状や特性を見落としてしまうことがよくあります。現在のところ、ＡＤＨＤを診断する最善の方法は本人と保護者の面接と、本人と保護者両方が回答するチェックリストです。

ステップ２：必要に応じて治療を受けましょう

ＡＤＨＤを持つ子どもたちは一人ひとりで特徴が異なります。保護者や先生の話を聞くことが難しく、学校の成績も悪く、友だちも少ない子もいれば、こうした問題がほとんどない子もいます。こうした個々に異なるニーズへの治療法は、薬物療法、ペアレント・トレーニング、ソーシャルスキルトレーニングの順で効果的と言われています。

薬物療法

薬物療法を始めることは保護者にとって難しい決断であり、これまでも多くの議論がされてきたテーマです。子どもが過剰に投薬されてしまったり、間違った処方で投薬されてしまったり、フォローアップが不十分であることを指摘している専門家もいれば[4]、適切な状況下では薬物療法は効果的であるとする専門家もいます[5]。従来のコンサータやストラテラに替わる薬も現在非常に注目されており、その有効性や副作用などについて、エビデンスが蓄積されつつあります[6]。

薬物療法を開始しようと思ったら、その子に効くかどうかは児童精神科医や小児科医の判断を仰ぎましょう。

最近では10～12時間以上効果がある徐放剤（コンサータなど）が開発されています。こうした薬は、衝動のコントロール、遊んでいる際の興味の持続、他の子どもの話に注意を向けることを可能にし、友人関係も良好にしてくれます。先生がチェックリストに記入し、飲んだ日と飲んでいない日を比べることでしっかりと薬の効果を確認することができます。

ペアレント・トレーニング

ＡＤＨＤの子どもが大人の言うことを聞かない時、そうした問題を解決するスキルを保護者に教えてくれます。

ソーシャルスキルトレーニング

少なくとも４人の子どもがいるグループによって、本書で示している社会的なマナーを学ぶことができるでしょう。研究によると、本書のアプローチでＡＤＨＤの子どもを助けることができることが明らかになっています[7]。

ステップ３：子どもの注意力に合った遊びを選びましょう

ＡＤＨＤを持つ子どもの中には、野球などの待ち時間が多いものや、複雑なルールのスポーツでは注意を働かせ続けることができない子もいます。その場合、簡単なゲームを選んだり、サッカーやバスケットボールを選んで、子どもの注意が短くて済む遊びがおすすめです。例えば、子どもが1時間以上注意力を持続できない場合は、45分程度の活動や遊びを検討しましょう。服薬によって注意力の持続時間が延びる場合は、子どもが遊ぶ前に薬を飲んでよいかどうか、主治医に相談してみてください。

ステップ４：上手く遊べる友だちを選べるようにサポートをしましょう

ＡＤＨＤを持つ子どもは知的に問題がない場合でも、社会性に関する理解が同年代の子と比べて1～2年程度遅れていることが多いです。そのため、1、2歳年下の子どもと一緒に遊んでも問題ありません。

ＡＤＨＤを持つ子ども同士は、エネルギッシュで自然と引き寄せられます。誰も一緒に遊んでくれないことを悟った後であったり、お互いに友だちを選んだ結果として仲良くなりやすいです。しかし、他のＡＤＨＤを持つ子どもとの間の友だち関係は、保護者が約束を把握することも難しく、2人の間で理路整然とした会話が少なかったり、衝動的で危険な遊びをすることもあるので、不仲になることもよくあります。

15章と16章の手順に従って、良くない友だち選びを思いとどまらせましょう。

ステップ５：遊ぶ約束を調整してあげましょう

他のＡＤＨＤを持つ子どもとの遊びの約束は極力避けましょう。ＡＤＨＤを持つ子どもが2人でいると、一人でいる時よりも、自分をコントロールできなくなってしまいます。子どもが2時間遊ぶと疲れてしまう場合には、遊ぶ約束は1・5時間にとどめておくなど、できるだけ注意力の持続できる形で遊べるようにしましょう。上手くいかなかった遊びを短くするよりも、上手くいっている遊びを続ける方が簡単です。薬物療法の影響で注意力が低下している場合には、遊ぶ前に服薬することが必要ですが、まずは主治医に相談してみましょう。

次のステップ

専門家のサポートを求めた時点で、あなたはＡＤＨＤの子どもの問題を克服するための最初の一歩を踏み出したと言えるでしょう。30章は子どもの友だち作りや友だち関係の維持に必要なスキルを教える前段階として、クラスメイトの信頼回復に役立つ内容となっています（第１・２部も参照しましょう）。

28 あなたの子どものいじめを止めよう

問題

・子どもがいじめをしないようにするにはどうしたらいいでしょうか？

背景：ひどいいじめの典型的なパターン

ある日校長先生から子どものことで話したいと電話がかかってきました。あなたの子どもとその友だちが女子をからかったり脅したりしていたとのことでした。これは自分の子どもがいじめをしていることが分かるよくあるパターンです。こうした子どもは学校では友だちも多く、成績もいいかもしれません。あなたがこの時までに知っていたのは「学校に友だちがいる」ということだけでした。そしてこの友だちに多少問題があるかもしれないとは思ってはいたものの、何か行動を起こすほど深刻ではなかったのでしょう。実際、いじめをする子どもの特徴や特性で、はっきりしたものはありません。

子どもにおけるいじめとは、特定の子どもに対して長期的にひどいことを行うことです。いじめっ子のグループには、同年代の子よりも身体的に強いリーダーがいることが多いです。通常は１、２人の取り巻きがいて、この取り巻きはいじめを先導するのではなく、見て楽しんだり、新しいいじめの方法を提案したりします。いじめを受ける子どもが多くのクラスメイトから嫌われている場合、さらに多くの子どもがいじめに参加することもあります。

いじめは保護者にとって恥ずかしいことではなく、子どもが以下のことを示しているだけです。

- 子どもは時間の使い方が下手です。
- 彼は間違った友だち関係を構築しています。
- 彼は嫌いな子どもであっても、他の人をからかったりしてはいけないことを学ぶ必要があります。

問題解決：いじめを止めるには

いじめをする理由を以下のように取り除きましょう。[1]

ステップ1：いじめを支持しない

たとえいじめを受けていた子が他の子どもたちから嫌われていたとしても、いじめを正当化することはできません。子どもに「あなたのしたことは間違っている」という明確なメッセージを伝えましょう。

父親：校長先生から、毎日休み時間に女の子にいじわるをしていると聞いたよ。

タイラー：あの子だって他の子に迷惑をかけてるんだよ！　それに僕は嫌がることはしてないよ！

父親：だったらその子に近づく理由もないよね。

ステップ２：６つの簡単なルールでいじめを防ぎましょう

子どもの生活の中で、いじめの道具として使われていたものを物理的に取り除きましょう。子どもが携帯電話やコンピューターをいじめに使っていた場合は、それらを取り上げましょう（あるいは、インターネットの接続を遮断しましょう）。校長先生からいじめについて指摘された場合には、保護者として行動を起こしていることを伝えて安心してもらいましょう。また、学校で子どもをしっかり監督してもらえるかどうかも確認してください。シンプルなルールであれば事実確認も少なくて済みますし、簡単に実行できます。あなたが子どもに伝えるべき内容は以下の通りです。

1．いじめをしてしまった子どもから離れること。
2．一緒にいじめをしていた子どもや、ネット上でいじめに加担していた子どもとは、仲良くしないこと。
3．登下校は寄り道をしないこと（寄り道の時間はいじめのゴールデンタイムです。しばらくの間は車で登下校させることも必要かもしれません）。
4．家に友だちを呼ぶ時は、常にどこにいるか分かるように、自宅の敷地内だけで遊ぶこと。
5．私がその子どもの保護者と話をつけるまでは、他の子どもの家に遊びに行ってはいけないこと（この場合、子どもが遊びに行こうとしている友だちがいじめのグループの一員でないことを確認したり、子どもがインターネットを使えないことを分かってもらいましょう）。
6．他の子どもの家に遊びに行く時は、他の子どもの保護者から見える場所で遊ぶこと。

ここでは、父親がタイラーにどのように伝えているか、ご紹介します。

父親：これからはいじめていた女の子の半径5メートル以内には近づかないように。話かけるのも禁止だよ。分かった？

タイラー：不公平だよ！

父親：嫌なことをする言い訳にならないぞ。

タイラー：嫌なことなんてしてないもん！

父親：なら、お父さんが言う通りにするのは簡単だよね。校長先生からは、アンディと一緒にいじめていたと聞いたから、もうアンディとは遊んではダメだよ。あと、今回のことは登校中に起きたことだとも聞いたから、信用を取り戻すまでは、車で送っていくからね。

タイラーのような子どもは、保護者や先生がいじめに対応するようになると、徐々に制限を減らしていくことができるでしょう。大人による対応によって彼がやったことが間違っていることを明確にします。いじめをしてしまいそうだった子どもは自分のしたことが間違っていて、いろいろな制限は仕方がなかったと理解できます。父親は潜在的な性格の修正をしました。

ステップ3：子どもの外での活動を確認しましょう

遊ぶ約束に応じる前に、かならずその家の保護者に、こちらの制限として、子どもを常に監督してほしいということを伝えてください（理由は言わなくても大丈夫です）。遊んだ後には、保護者からどのように遊んでいたかを聞いておきましょう。タイラーの母親がディランの母親に質問する様子を紹介します。

母親：タイラーはどうでした？　ご迷惑おかけしてませんでした？
ディランの母親：ええ、大丈夫でしたよ。
母親：2人は何をして遊んでたんですか？
ディランの母親：裏庭でバスケットボールをしてましたよ。
母親：ありがとうございます。他には何を？
ディランの母親：あとは木登りをしてたり、ですかね。
母親：きっと2人とも楽しかったんでしょうね。

もしディランの母親が見ていない場所で遊ばせていたら、タイラーはディランから離れて遊んでしまっていたかもしれません。

ステップ4：ルールを破ってしまった場合、その都度すぐに小さなペナルティを与えましょう
以下のガイドラインを思い出しましょう。

1. 子どもに身体的な苦痛を与えるようなペナルティは絶対に使わないでください。
2. 他の生活を制限するようなことは避けましょう。あなたは子どものポジティブな方向の変化を望んで

いるはずです。いじめに参加していない子どもとの遊ぶ約束をなしにするなどはやめましょう。

3. しっかり実行できるペナルティを選びましょう。子どもが他の子のものを壊してしまった場合は、その一部を補填するために、お小遣いを一週間分取り上げます。ものを取ったり壊してしまった場合は、その子の家庭に弁償することは申し出ますが、子どもだけで全額を弁償する必要はありません。その他にも、夕方のテレビの時間を制限したり、見る予定の映画をキャンセルなども有効なペナルティです。

4. ルールを破っていることが分かったらすぐにペナルティを与えましょう。

5. ペナルティを開始する前に、正確にペナルティを伝えます。例えば「あの子のリュックサックをダメにしてしまったんだから、来週のおこづかいとお母さんのお金を使って新しいリュックサックを買うからね」「アランの近くにいないようにって言ったはずなのに、アランと一緒にいるところを見たわ。だからペナルティとして今日の夜はテレビはなしね」といった形です。

6. ペナルティが終わったら、その件は終わりにして水に流しましょう。

ステップ5：ルールを破ったことは記録しておきましょう

もし子どもが頻繁にルールを破ってしまうなら、ペナルティは維持しつつ、専門家のサポートも検討しましょう[2]。

次のステップ

子どものいじめへ対応することは非常に素晴らしいことです。いじめをする子どもは、間違った仲間と仲良くなってしまい、そのまま年齢が上がってしまうと、より深刻な問題に発展してしまうことがあります。15章、

16章を読んで、あなたの子どもがいじめをしていた人たちの代わりになる新しい友だちを選ぶのをサポートしてあげましょう。

29 クラスメイトから気づかれないこと

問題

・子どもがいつも一人ぼっちで、他の子どもが遊びたがるものに興味を示しません。どうしたらいいでしょうか？

背景：ふさぎ込む子ども

友だちがいない子どもの中には、他の子と遊びたいのに、参加できず一人になっている子もいます。こうした子どもには２つの共通点があります。

・クラスメイトに気づかれないように行動している。
・新しいものごとにチャレンジしないため、保護者にとてもイライラさせる行動をしている。

３つの行動パターン（シャイ、心配、落ち込み）があり、違いはありますが、これらの行動を示す子どもは

表29-1　気づかれないようにしている子どもたちの行動

シャイに関する行動	心配に関する行動	落ち込みに関する行動
人前で話せない 知らない子に近づけない 友だち作りを他人任せにする 友だちの作り方が分からない 新しいことを試したがらない	新しいことを始められない 大丈夫かどうかしきりに聞いてくる 完璧主義で中途半端に参加したがらない リラックスできていない よく言い争いになる 新しいことを試したがらない	やる気が出ない 仲が良い友だちがいても、離れていってしまう いろいろな活動への興味を失っている 他の同年代の子と比べてエネルギーが低い 笑ったり喜んでいる様子がない 新しいことを試したがらない

新しい物事へのチャレンジに消極的です。表29‐1は、クラスになじめていない行動パターンのどれに当てはまるかを考えるのに役立ちます。

シャイな子ども

シャイな行動が多い8歳のデボラは、家ではおしゃべりですが、クラスではおとなしく、孤立しています。小学2年生になって2カ月が経ちましたが、まだ教室で話したことはありません。最初はクラスの女子も「一緒に遊ぼう」と誘ってくれていましたが、デボラは声を出さずに首を横にふることしかできませんでした。彼女は女子の中では足は一番速いですが、他の女子が遊んでいることはあまり得意ではありません。楽しむことが大好きな他の女子はデボラを誘うことをやめてしまい、デボラは一人で遊んで楽しんでいるようです。

デボラのおとなしいパーソナリティは彼女が内気に振る舞う主な理由です。デボラ自身も、自分が話すことに意味はないと感じているようです。彼女はいつも新しい環境に慣れるまで時間がかかりますが、成長するにつれてこの時間は短くなっていきます。内気な子は友だちの作り方をほとんど知らないという研究結果も示されています。[1]

心配症な子ども

恐怖や心配は多くの子どもたちにとって成長する上で当たり前に経験することです。ここでは、いくつかの典型的な恐怖と、それらが生じる典型的な年齢を紹介します。

典型的な恐怖	生じる年齢
知らない人	生後6～9カ月
分離や孤立	1～3歳
暗闇やモンスター	4～8歳
自然災害、ヘビやクモ、けが	8～12歳

95％以上の子どもが成長期に少なくとも一つの恐怖を経験することが研究で報告されています。[2] 子どもの不安がいつもと異なる、特に強い不安であったり、長く続いたり、不安が他の同年代の子どもとの活動を邪魔するようでしたら、注意が必要です。これらの条件のいずれかに当てはまる場合、子どもは不安に関する問題を抱えている可能性があります。

9歳のケイティは一人で寝ることを怖いと感じていて、他の女子の家に泊りに行くことを頑なに拒否しています。ある時、誕生日のお泊り会でエブリンの家に泊ろうとしましたが、夜10時に両親に電話をして迎えに来てもらいました。他の女子はこうしたお泊り会を通して仲の良い友だちになりましたが、ケイティは恐怖心からそのグループに入れていません。

お泊り会は仲良くなるために重要なイベントなので、ケイティの保護者は、彼女の感じている恐怖が友だちと仲良くすることを邪魔しているかどうかを判断する必要があります。

もうすぐ9歳になるクリスは、保護者によると、いつも心配ばかりしているそうです。体育の先生が新しいゲームの指導を始めると、彼はそわそわしてしまいます。クリスがぶつぶつ言っている言葉は隣の子の耳にも入ってきます。「全然分からない……きっと上手くできなくて他の子にバカにされる……」クリスはゲームで失敗してしまうかもしれないと心配しているせいで、ルールの説明が余計に聞けなくなってしまいます。そしてゲームが始まった時、クリスは泣き出して体育館から出ていってしまいました。

クリスはものごとを完璧にできないといけないと考えています。彼はいつも腹痛や頭痛、その他の心配事に悩まされています。

こうした時に保護者がよく使う、しかし効果がないアプローチは「大丈夫だよ、心配しなくていいんだよ」と納得させようとすることです。しかし、このアプローチでは、余計に心配を増やしてしまいます。もっといい方法は、子どもを納得させようとせずに、新たなチャレンジに取り組ませる方法です（心配している子どもは考えすぎて行動が少ないことがあります）。具体的にどうしたらいいのかを詳しく伝えることは非常に良いサポートです。いろいろとチャレンジするようになると、その子の心配も少なくなります。

落ち込みやすい子ども

友だちがいない子どもの多くは、一緒に遊ぶ相手がいないことで寂しさや落ち込みを感じています。友だちの作り方を教えてあげることで、その悲しみは消えます。他にも、友だちがいない子の中には、過去には友だちがいたことはありますが、今は他の問題のせいで友だちがいない子たちもいます。

小学校4年生のウィリアムの担任の先生は彼を「注意散漫でおとなしい子」であると思っています。クラスメイトのほとんどは彼が近くにいることも気にかけていません。ウィリアムの母親は成績が3年間でCからDに徐々に落ちていくのを見てきました。テストの日は腹痛を訴えます。他の子どもたちとの遊びも含めて、いろいろなことへの気力のなさや疲労感を常に抱えているように保護者には映ります。

ウィリアムの父親はよく彼を「怠け者」と責めます。ウィリアムは一人息子で、現在の状態に父親は失望しています。母親が精神科での診察にウィリアムを連れてきた時、彼は自殺について考えていると言いました。母親はそんなことを聞いたことがなかったため、非常に驚きました。

保護者には理解できない理由で子どもが落ち込むこともあります。子どもの落ち込みは大人が気づくことはとても難しいです。そして保護者は子どもの落ち込みを「ちょっと今は元気がないだけだ」と考えがちです。子どもの問題に気づきやすい教師でも、子どもの落ち込みに気づくことは難しいです。なぜなら、落ち込んでいる子は他の子と何も問題を起こさず、目立つことはないためです。ウィリアムの保護者も教師も彼の落ち込みを怠けや注意散漫であると誤解していました。子どもの間は基本的に幸せな時間であるべきですが、もしそうでない場合、何か問題があるのです。

落ち込んでいる子どもは一日のほとんどで無気力、気分の不安定さ、怒りっぽさといった症状に悩まされています。他の症状は大幅な体重の増加や減少、過眠や不眠、慢性的な疲労感、ものごとの判断の困難などがあります。

落ち込んでいる子どもは自殺を考えていることもあります。自殺の話をしている子どもが上記の症状のいくつかに当てはまる場合は真剣に受け止めてください。子どもが落ち込んでいるように見える場合、その問題をアセスメントするために、メンタルヘルスの専門家に相談しましょう。[3]

問題解決：新しい活動に取り組めるようにしましょう

シャイ、心配、落ち込みを抱える子どもは何もしたくありません。彼らは野球がしたいのか、スイミングをしたいのか、分からなくなります。このような悩みを抱えている子どもの対応に成功している保護者は、心配ごとを抱える子どもには、心配を少なくして新しい行動にチャレンジすることを子どもに教えています。その方法をご紹介します。

ステップ１：最初は簡単な活動を選ぶ

子どもにとって簡単なものを選びましょう。例えば、キャンプに行くことに躊躇している子どもには、２時間程度のデイキャンプを試してみるなどが考えられます。子どもが他の子の家に泊ることに躊躇していれば、最初は２、３時間程度（その子の保護者に相談してみましょう）試してみましょう。

ケイティの母親：お泊り会に招待してくれてありがとうございます。ぜひケイティにも行ってほしいと思っているのですが、ケイティが他の人の家で寝るのが怖いと言っていて……

エブリンの母親：あら、それは大変ね。

ケイティの母親：少しだけお泊り会に参加するということはできますか？　エブリンのおうちに着いたら、そのままお泊りもできるかもしれませんが、もしできそうになかった場合、迎えに行けると助かるのですが……

エブリンの母親：分かりました。

ケイティの母親：ありがとうございます。何時頃確認の電話をしたらよろしいでしょうか？

エブリンの母親：私も11時ごろには寝てしまうから、それまでの時間だったら問題ないわ。

ケイティの母親：本当にありがとうございます。

ステップ2：取り決めをする

クリスの母親は、新しい活動を始めるかどうかをクリスに決めさせません。どんなものであってもいやと言うでしょう。代わりにクリスと取り決めをします。

クリス：ボーイスカウトに行きたくない。

母親：どうして？

クリス：だって退屈なんだもん。

母親：あと2回だけ試してみてほしいなって思ってるんだけど……。もし退屈だったら、終わってから私に教えて。そうしたら一緒に他の活動を考えましょう。

同様に、ケイティの母親もお泊り会に少し参加する際に取り決めをします。

母親：エブリンのおうちのお泊り会に行きたい？

ケイティ：うん。でも眠れるか心配なの……

母親：あなたなら大丈夫よ。まずはチャレンジしてみましょう。エブリンのお母さんには話してあって、10時30分にケイティと電話できることになったの。どんな調子かその時に教えて？

ケイティ：じゃあ電話の時間は10時がいいな。

ケイティの母親：分かったわ。10時ね。

ステップ3：活動を評価しましょう

母親がクリスを迎えに行った時、クリスが楽しそうにしていることが分かりました。母親は17章のリスニング・テクニックを使ってクリスが何か自分から言い始めるのを少し待ちました。母親はクリスがまだ記憶が新しいうちに、ボーイスカウトの話をする可能性が高いと思いました。帰りの車内ではクリスが話しだすのを待ちます。もし話しださなければ、いくつかの質問をします。

母親：今日のボーイスカウトはどうだった？　楽しかった？　それとも退屈だった？

クリス：楽しかったよ！

母親：よかった。じゃあ来週もボーイスカウトに参加しようか。そのあとでこれから先もボーイスカウトに参加するかどうかを決めようか。

クリスがボーイスカウトの活動が好きなようであれば、活動の評価はこれで終わりです。嫌いなようであれば、参加をやめましょう。

同様に、ケイティの母親は10時に電話をします。母親はケイティに楽しいかどうかを聞きつつ、恐怖心や心配に関しては触れないようにします。

プランA
もしケイティが自宅に帰りたいと言った場合、彼女を迎えに行って、エブリンの母親に謝りつつ、家に一緒に帰りましょう。

母親：どう？　楽しんでる？
ケイティ：うん。でも怖くなったらどうしようってまだ心配なの……
母親：じゃあ迎えに行くわ。ちょっとエブリンのお母さんに替わってくれる？
エブリンの母親：もしもし、どうしました？
ケイティの母親：やっぱり今晩お泊りは難しそうなの。20分くらいでそちらに行けると思いますが、今から迎えに行っても大丈夫？
エブリンの母親：大丈夫よ。
ケイティの母親：トラブルに巻き込んでしまってごめんなさい。理解してもらえてありがとうございます。
ケイティの母親は彼女を迎えに行き、ケイティのチャレンジを褒めました。

プランＢ

もしケイティが泊れるようなら、そのチャレンジを褒めましょう。子どもが安心できるまで、ステップ１～３を何度か繰り返す必要があるかもしれません。問題が長く続くようであれば、専門家のサポートを求めましょう[4]。

次のステップへ

子どもが新しいことにチャレンジし続けるようにすることは、非常に難しいことです。でも、あなたはそうしてきたはずですし、子どももこれまでいろいろな新しいことにトライしてきたはずです。さらにあなたは本書を読んで専門家の助けが必要なサインもすでに知っていますし、多くのエビデンスが示された治療方法もたくさんあります。長い目で見れば、子どもの苦しみは短い期間で終わります。これでパート１とパート２に戻って、子どもが友だちを作るためのサポートをする準備ができました。

30 友だちを作るスキルの確立と良くない評判の克服

友だち関係は人生における非常に重要なもので、そのために友だち関係は人生の豊かさを左右するものでもあります。

友だち関係の基本として興味・関心があります。友だちを作るためには、他の人と共通の関心を持っている必要があり、競争心で邪魔をしてはいけません。好きな人に初めて会った時に最初にすべきことは共通の興味を探すことです。興味やその人を知りたいと思う気持ちには、会話が必要不可欠です。会話は表面的な情報交換から始まり、多少プライベートな開示をしつつ、自己開示を適度にしていきます。これらの自己開示がお互いに上手くできれば、さらに親密な自己開示に進みます。あなたは子どもの頃、こうしたスキルを学んだからこそ、人と仲良くできるのです。

友だち関係とは、子どもが初めて「真実の愛」を経験することでもあり、相手と自分を対等な立場に置くことでもあります。子どもは相手のことを気にかけ、楽しい時間を過ごし、相手を思いやることが友だち関係の喜びにつながることを学んでいきます。友だちを作ることや維持することが難しい子どもはこのプロセスで多くの間違いをしてしまう可能性があります。私はこれまで、こうした間違いやそのサポートの仕方についてたくさん学んできましたので、本書で紹介してきました。他の子どもたちに好かれていて受け入れられている子どもがゲームに上手に参加する方法（7章）、いいスポーツマンになる方法（8章）、やり返さないでからかいに対処する方法（21章）、遊んでいる時にリーダーになる方法（13章）などが挙げられます。これらの社会的なルールを破ってしまう子どもは、友だちがほとんどおらず、良くない評判を受けてしまいます。

良くない評判の子どもをサポートする最善の方法は、より良い遊び相手になれるよう、スキルを教えてあげることです。本書の多くの部分で、「一緒に遊ぶのが楽しくなる」スキルで評判は上げられるという点に触れています。こうしたスキルを上手に教えるためには、子どもがいろいろなチャレンジを重ねていくように、あなたも各章のステップにチャレンジしてみましょう。子どもが十分なソーシャルスキルを持っていたとしても、他の子どもたちとの間で共通理解できるまでに時間がかかります。あなたが必要なスキルを教えるまでは、あなたの子どもを避ける他の子どもに受け入れられるようにプレッシャーをかけないようにしてください。あなたの子どもが社会的なミスをしなくなれば、他の子どもたちはそのうち忘れてしまい、評判も次第に良くなっていくでしょう。

おわりに

「習うは一生」ということわざの通り、「学び」はずっとあり続けます。本書から役に立つことを学んだり、実際に子どもの友だち関係のサポートをしていただけると幸いです。私自身も、これまでにサポートした人からたくさんのことを学びました。もしあなたが新たに学んだことがあったら、ぜひ私にも聞かせてください。その場合は出版社までお手紙をいただけると嬉しいです。

おわりに（監訳者より）

本書は、カリフォルニア大学ロサンゼルス校（ＵＣＬＡ）において、長く社会性の発達支援、特に友だち関係作りのプログラム開発等の世界的な研究・実践を行ってきたフレッド・フランクル博士が書かれた、保護者向けの本である。フレンドシップ・プログラム（Children's Friendship Program）という、フランクル博士が共同研究者たちと開発したプログラムのエッセンスを示したものである。フランクル博士自身が序文で書いているように、この本の全てを読んで実践しようというよりは、保護者が自分の子どもの友だち作りや友だち関係において困ったことや悩ましいことが生じた場合に、該当する箇所を読んでいただくことで、実際の関わりのヒントを得られるようになっている。北米の子どもの暮らしを想定して書かれた本であるため、現在の日本の実情に合わせるように、監訳者の方で記載の工夫をしている。

自閉スペクトラム症（ＡＳＤ）などの社会性や対人関係が苦手な子どもたちにとって、友だち作りは非常に大きな課題を持つことが知られている。本書で紹介したフランクル博士たちＵＣＬＡの研究チームの児童期におけるフレンドシップ・プログラムと、エリザベス・ローガソン博士を中心に開発され世界的にエビデンスが証明されている思春期以降におけるＰＥＥＲＳ（The Program for the Education and Enrichment of Relational Skills）は、必要とする子どもたちや大人たちの日常にそって構成されている。これらのプログラムは、友だち関係は運や縁でしかどうしようもないものということではなく、科学的な根拠をもって具体的にどうすればいいのかを分析し、社会性の発達支援の取り組みを進めやすいように開発されたものである。思春期以降のＰＥＥＲＳにおいて、フランクル博士の共同研究者でもあるローガソン博士が『友だち作りの科学』にまとめた内容の小学校年代版が本書にあたる。友だち関係において、現実に生じる課題を、フランクル博士たちの臨床チームがプログラムで有効だったやり方でステップを示しているので、読者はまずは子どもに必要なステップから試していただければと願っている。幼児期から成人期までのライフステージを通した発達支援において友だち関係作りは本当に重要な課題である。

わが国においては、東海地区ではＮＰＯ法人アスペ・エルデの会の放課後等デイサービス事業所や支部の学習会などでは、フレンドシップ・プログラムを土台にしたプログラム構成での社会性支援（「あそプロ」）が実施されている。今後、障害児福祉サービスにおいても、本書を参考にしたさまざまな支援が広がることを願っている。

翻訳に際しては、学校生活に関して状況が全く異なるもの（北米ではスクールバスで通学する）や、インターネットなどのコミュニケーションアプリ（北米で用いられるインスタントメッセージは、わが国の実情に合わせてＬＩＮＥという表記に統一した）に関しては監訳者が修正を加えた。本書の刊行においては、地味な内容の本にもかかわらず出版の英断をした遠見書房の山内俊介氏と粘り強く編集作業を進めてくれた同社の駒形大介氏に謝意を表する。

中京大学　辻井正次

参考資料　ＵＣＬＡのフレンドシップ・プログラムＨＰ　https://www.semel.ucla.edu/socialskills

in this area: http://www.effectivechildtherapy.com/.
4. See note 3.

mental disorders (4th ed., text rev.). Washington, DC: Author.

2. Frederick, B. P., & Olmi, D. J. (1994). Children with attention-deficit/hyperactivity disorder: A review of the literature on social skills deficits. *School Psychology Review*, 31, 288-296.
3. Jensen, P. S., Martin, D., & Cantwell, D. P. (1997). Comorbidity in ADHD: Implications for research, practice and DSM-V. *Journal of the Academy of Child and Adolescent Psychiatry*, 36, 1065-1079.
4. Rappley, M. D., Eneli, I. U., Mullen, P. B., Alvarez, F. J., Wang, J., Luo, Z., et al. (2002). Patterns of psychotropic medication use in very young children with attention-deficit hyperactivity disorder. *Developmental and Behavioral Pediatrics*, 23, 23-30.

   Sparks, J. A., & Duncan, B. L. (2004). The ethics and science of medicating children. *Ethical Human Psychology and Psychiatry*, 6, 25-39.
5. Jensen, P. S., Kettle, L., Roper, M. T., Sloan, M. T., Dulcan, M. K., Hoven, C., et al. (1999). Are stimulants overprescribed? Treatment of ADHD in four U.S. communities. *Journal of the American Academy of Child and Adolescent Psychiatry*, 38, 797-804.

   Kempton, S., Vance, A., Maruff, P., Luk, E., Costin, J., & Pantelis, C. (1999). Executive function and attention deficit hyperactivity disorder: Stimulant medication and better executive function performance in children. *Psychological Medicine*, 20, 527-538.
6. Chan, E. (2002). The role of complementary and alternative medicine in attention-deficit hyperactivity disorder. *Developmental and Behavioral Pediatrics*, 23, S37-S45.
7. Frankel, F., Myatt, R., Cantwell, D. P., & Feinberg, D. T. (1997). Parent assisted children's social skills training: Effects on children with and without attention-deficit hyperactivity disorder. *Journal of the Academy of Child and Adolescent Psychiatry*, 36, 1056-1064.

28

1. Much of the approach of this chapter is adapted from Olweus, D. (1997). Bully/victim problems in school: Knowledge base and an effective intervention program. *Irish Journal of Psychology*, 18, 170-190.
2. A panel of psychologists has set up the following Web site to provide guidance in this area: http://www.effectivechildtherapy.com/.

29

1. Fordham, K., & Stevenson-Hinde, J. (1999). Shyness, friendship quality, and adjustment during middle childhood. *Journal of Child Psychology and Psychiatry*, 40, 757-768.
2. Derevensky, J. L. (1979). Children's fears: A developmental comparison of normal and exceptional children. *Journal of Genetic Psychology*, 135, 11-21.
3. A panel of psychologists has set up the following Web site to provide guidance

Development, 61, 1310-1325.

5. Scambler, D. J., Harris, M. J., & Milich, R. (1998). Sticks and stones: Evaluations of response to childhood teasing. *Social Development*, 7, 234-249.

22

1. Baumeister, R. F., Zhang, L., & Vohs, K. D. (2004). Gossip as cultural learning. *Review of General Psychology*, 8, 111-121.
2. Kuttler, A. F., Parker, J. G., & La Greca, A.M. (2002). Developmental and gender differences in preadolescents' judgments of the veracity of gossip. *Merrill-Palmer Quarterly*, 48, 105-132.
3. Bordia, P., DiFonzo, N., Haines, R., & Chaseling, E. (2005). Rumor denials as persuasive messages: Effects of personal relevance, source, and message characteristics. *Journal of Applied Social Psychology*, 35, 1301-1331.
4. Rosnow, R. L. (1988). Rumor as communication: A contextualist approach. *Journal of Communication*, 38, 12-28.

24

1. Olweus, D. (1993). *Bullying at school: What we know and what we can do.* Cambridge, MA: Blackwell.
2. Kipling, A. S., & Williams, D. (2004). R U There? Ostracism by cell phone text messages. *Group Dynamics: Theory, Research, and Practice*, 8, 291-301.
3. Beale, A. V., & Hall, K. R. (2007). Cyberbullying: What school administrators (and parents) can do. *Clearing House*, 81, 8-12.

第5部

25

1. A panel of psychologists has set up the following Web site to provide guidance in this area: http://www.effectivechildtherapy.com/.

26

1. Schwartz, D., Dodge, K. A., Pettit, G. S., & Bates, J. E. (1997). The early socialization of aggressive victims of bullying. *Child Development*, 68, 665-675.
2. A brief review is in Frankel, F., Myatt, R., & Cantwell, D.P. (1995). Training outpatient boys to conform with the social ecology of popular peers: Effects on parent and teacher ratings. *Journal of Clinical Child Psychology*, 24, 300-310.
3. American Psychiatric Association. (2002). *Diagnostic and statistical manual of mental disorders* (4th ed., text rev.). Washington, DC: Author.
4. Dodge, K. A. (1985). Attributional biases in aggressive children. In P. D. Kendall (Ed.), *Advances in cognitive-behavioral research and therapy* (Vol. 4, pp. 73-110). Orlando, FL: Academic Press.
5. A panel of psychologists has set up the following Web site to provide guidance in this area: http://www.effectivechildtherapy.com/.

27

1. American Psychiatric Association. (2002). *Diagnostic and statistical manual of*

16

1. Parkhurst, J. T., & Hopmeyer, A. (1998). Sociometric popularity and peer-perceived popularity: Two distinct dimensions of peer status. *Journal of Early Adolescence*, 18, 125-144. Adler, P. A., & Adler, P. (1995). The dynamics of inclusion and exclusion in preadolescent cliques. *Social Psychology Quarterly*, 58, 145-162 .
2. American Psychiatric Association. (2002). *Diagnostic and statistical manual of mental disorders* (4th ed., text rev.). Washington, DC: Author.
3. Hartup, W. W. (1993). Adolescents and their friends. In B. Laursen (Ed.), *Close friendships in adolescence*. New Directions for Child Development (W. Damon, series editor-in-chief), Number 60, 3-22.
4. Sourander, A., Elonheimo, H., Niemelä, S., Nuutila, A., Helenius, H., Sillanmäki, L., et al. (2006). Childhood predictors of male criminality: A prospective population-based follow-up study from age 8 to late adolescence. *Journal of the American Academy of Child and Adolescent Psychiatry*, 45, 578-586.
5. Mrug, S., Hoza, B., & Bukowski, W. M. (2004). Choosing or being chosen by aggressive-disruptive peers: Do they contribute to children's externalizing and internalizing problems? *Journal of Abnormal Child Psychology*, 32, 53-65.
6. Parker, J. G., & Asher, S. R. (1993). Friendship and friendship quality in middle childhood: Links with peer group acceptance and feelings of loneliness and social dissatisfaction. *Developmental Psychology*, 29, 611-621.

18

1. Crick, N. R., & Grotpeter, J. K. (1995). Relational aggression, gender, and social-psychological adjustment. *Child Development*, 66, 710-722.
2. Nelson, J., & Aboud, F. E. (1985). The resolution of social conflict between friends. *Child Development*, 56, 1009-1017.

20

1. Wasserstein, S. B., & La Greca, A. M. (1996). Can peer support buffer against behavioral consequences of parental discord? *Journal of Clinical Child Psychology*, 25, 177-182.

第4部

21

1. Perry, D. G., Kusel, S. J., & Perry, L. C. (1988). Victims of peer aggression. *Developmental Psychology*, 26, 807-814.
2. Salmivalli, C., & Nieminen, E. (2002). Proactive and reactive aggression among school bullies, victims, and bully-victims. *Aggressive Behavior*, 28, 230-244.
3. Warm, T. R. (1997). The role of teasing in development and vice versa. *Journal of Developmental and Behavioral Pediatrics*, 18, 97-101.
4. Perry, D. G., Williard, J. C., & Perry, L. C. (1990). Peers' perceptions of the consequences that victimized children provide aggressors. *Child*

competence and children's sociometric status: The role of peer group entry strategies. *Merrill-Palmer Quarterly*, 29, 309-336.

4. Corsaro, W, A. (1981). Friendship in the nursely school: Social organization in a peer environment. In S. R. Asher & J. M. Gottman (Eds.), *The development of children's friendships* (pp. 207-241). Cambridge: Cambridge University Press.

9

1. Eder, D., & Hallinan, M. (1978). Sex differences in children's friendships. *American Sociological Review*, 43, 237-250.
2. Paxton, S. J., Schutz, H. K., Wertheim, E. H., & Muir, S. L. (1999). Friendship clique and peer influences on body image concerns, dietary restraint, extreme weight-loss behaviors, and binge eating in adolescent girls. *Journal of Abnormal Behavior*, 108, 255-266.
3. Adler, P. A., & Adler P. (1995). The dynamics of inclusion and exclusion in preadolescent cliques. *Social Psychology Quarterly*, 58, 145-162.
4. Paxton et al. (1999).

10

1. Gottman, J. M. (1983). How children become friends. *Monographs of the Society for Research in Child Development*, 48(3), 1-85.

11

1. Thurlow, C., & McKay, S. (2003). Profiling "new" communication technologies in adolescence. *Journal of Language and Social Psychology*, 22, 94-103. Bryant, J. A., Sanders-Jackson, A., & Smallwood, A.M.K. (2006). IMing, text messaging, and adolescent social networks. *Journal of Computer-Mediated Communication*, 11(2), article 10. Available at http://jcmc.indiana.edu/vol11/issue2/bryant.html.
2. Gross, E. F. (2004). Adolescent Internet use: What we expect, what teens report. *Journal of Applied Developmental Psychology*, 25, 633-649.
3. Comprehensive IM acronym dictionaries can be found at: http://www.aim.com/acronyms.adp and http://www.netlingo.com/acronyms.php.

12

1. Bagwell, C. L., Newcomb, A. F., & Bukowski, W. M. (1998). *Preadolescent friendship and peer rejection as predictors of adult adjustment*. Child Development, 69, 140-153.

13

1. Gottman, J. M. (1983). How children become friends. *Monographs of the Society for Research in Child Development*, 48(3), 1-85.

第 3 部

15

1. Orenstein, P. (1994). *Schoolgirls: Young women, self-esteem, and the confidence gap*. New York: Doubleday.

3

1. Berndt, T. J., & Hoyle, S. G. (1985). Stability and change in childhood and adolescent friendships. *Developmental Psychology*, 1985, 21, 1007-1015.
2. Clark, J., & Barber, B. L. (1994). Adolescents in postdivorce and always-married families: Self-esteem and perceptions of fathers' interest. *Journal of Marriage and the Family*, 56, 608-614.
3. Pettit, G. S., & Clawson, M. A. (1996). Pathways to interpersonal competence: Parenting and children's peer relations. In N. Vanzetti & S. Duck (Eds,), *A lifetime of relationships* (pp. 125-154). Monterey, CA: Brooks/Cole.

4

1. Bryant, B. K. (1985). The neighborhood walk: Sources of support in middle childhood. *Monographs of the Society for Research in Child Development*, 50(3), 1-22. Rubin, Z., & Sloman, J. (1984). How parents influence their children's friendships. In M. Lewis (Ed.), *Beyond the dyad* (pp. 223-250). New York: Plenum Press.

5

1. Bryant, B. K. (1985). The neighborhood walk: Sources of support in middle childhood. *Monographs of the Society for Research in Child Development*, 50(3), 1-22. Ladd, G. W., & Price, J. M. (1987). Predicting children's social and school adjustment following the transition from preschool to kindergarten. *Child Development*, 58, 1168-1189,
2. Orenstein, P. (1994). *Schoolgirls: Young women, self-esteem, and the confidence gap*. New York: Doubleday.
3. Kovacs, D. M., Parker, J. G., & Hoffman, L. W. (1996). Behavioral, affective, and social correlates of involvement in cross-sex friendship in elementary school. *Child Development*, 67, 2269-2286.
4. Morgan, B. L. (1998). A three generational study of tomboy behavior. *Sex Roles*, 39, 787-800.
5. Burn, S. M., O'Neil, A. K., & Nederland, S. (1996). Childhood tomboyism and adult androgyny. *Sex Role*, 34, 419-428.
6. Hyde, J. S., Rosenberg, B. G., & Behrman, J. A. (1977). Tomboyism. *Psychology of Women Quarterly*, 2, 73-75.

第2部

7

1. Garvey, C. (1984). *Children's talk*. Cambridge, MA: Harvard University Press.
2. Black, B., & Hazen, N. L. (1990). Social status and patterns of communication in acquainted and unacquainted preschool children. *Developmental Psychology*, 26, 379-387. Tryon A. S., & Keane, S. P. (1991). Popular and aggressive boys' initial social interaction patterns in cooperative and competitive settings. *Journal of Abnormal Child Psychology*, 19, 395-406.
3. Dodge, K. A., Schlundt, D. C., Schocken, I., & Delugach, J. D. (1983). Social

American Psychological Association.

11. Frankel, F., Myatt, R., Cantwell, D. P., & Feinberg, D. T. (1997). Parent assisted children's social skills training: Effects on children with and without attention-deficit hyperactivity disorder. *Journal of the Academy of Child and Adolescent Psychiatry*, 36, 1056-1064.
12. Frankel, F., Paley, B., Marquart, R., & O'Connor, M. J. (2006). Stimulants, neuroleptics and children's friendship training in children with fetal alcohol spectrum disorders. *Journal of Child and Adolescent Psychopharmacology*, 16(6), 777-789.
13. Frankel, F., & Myatt, R. (2007). Parent-assisted friendship training for children with autism spectrum disorders: Effects associated with psychotropic medication. *Child Psychiatry and Human Development*, 37, 337-346.
14. Frankel, F., Myatt, R., Whitham, C., Gorospe, C. M., Sugar, C., & Laugeson, E. A. (in press). A randomized controlled study of parent-assisted children's friendship training with children having autism spectrum disorders. *Journal of Autism and Developmental Disabilities*.
15. Frankel F., Gorospe, C. M., Chang, Y., & Sugar, C. A. (2010). *Mothers' reports of play dates and observation of school playground behavior of children having high-functioning autism spectrum disorders*. Manuscript submitted for publication.
16. Frankel, F., & Myatt, R. (2002). *Children's friendship training*. New York: Brunner-Routledge.
17. Author unknown to me.

第１部

1. Gest, S. D., Sesma, A., Masten, A., & Tellegen, A. (2006). Childhood peer reputation as a predictor of competence and symptoms 10 years later. *Journal of Abnormal Child Psychology*, 34, 509-526.

1

1. Crespo, C. J., Smit, E., Troiano, R. P., Bartlet, S. J., Macera, C. A., & Andersen R. E. (2001). Television watching, energy intake, and obesity in US children: Results from the Third National Health and Nutrition Examination Survey, 1988-1994. *Archives of Pediatric and Adolescent Medicine*, 155, 360-365.
2. Andersen, R., Crespo, C., Bartlet, S., Cheskin, L., & Prat, M. (1998). Relationship of physical activity and TV watching with body weight and level of fatness among children: Results from the Third National Health and Nutrition Examination Survey. *JAMA*, 279, 938-942.

2

1. Andersen, R., Crespo, C., Bartlett, S., Cheskin, L., & Pratt, M. (1998). Relationship of physical activity and TV watching with body weight and level of fatness among children: Results from the Third National Health and Nutrition Examination Survey. JAMA, 279, 938-942.

文　献

序 文

1. Asher,S. R. (1990). Recent advances in the study of peer rejection. ln S. R. Asher & J. D. Coie (Eds.), *Pee rejection in childhood* (pp. 3-14). Cambridge: Cambridge University Press.
2. Hymel, S., LeMare, L., Rowden, L., & Rubin, K. H. (1990). Children's peer relationships: Longitudinal prediction of internalizing and externalizing problems from middle to late childhood. Child Development, 61, 2004-2021.
3. Bagwell, C. L., Newcomb, A. F., & Bukowski, W. M. (1998). Preadolescent friendship and peer rejection as predictors of adult adjustment. *Child Development*, 69 (1), 140-153.
4. Hartup, W. W. (1996). The company they keep: Friendships and their developmental significance. *Child Development*, 67, 1-13.
5. Malik, N. M., & Furman, W. (1993). Practitioner review: Problems in children's peer relations: What can the clinician do? *Journal of Child Psychology and Psychiatry*, 34, 1303-1326.
6. U.S. Department of Education: see http://www.ed.gov/espanol/parents/academic/ciudadano/page_pg14.html?exp=2 and http://www.ed.gov/parents/academic/help/citizen/partx4.html.
7. PBS Kids: http://pbskids.org/itsmylife/parents/resources/friendsfight.hltml. Family First: http://www.familyfirst.net/famminute/transcripts/2005/trans08-24-2005.html.
8. Stultz, S. (1998). Book review. *Journal of Child and Adolescent Group Therapy*, 8, 155.
9. Adoptive families.com: http://www.adoptivefamilies.com/articles.php?aid=344. NLDLine: http://www.nldline.com/bibliography.htm. ADDAdvisor: http://www.addvisor.com/addvisorvol5no9.htm. International Nanny Association: http://www.nanny.org/educationalresources2.htm. The Child Anxiety Network: http://www.childanxiety.net/Resources_for_Parents.htm. Supporters and Advocates of Gifted Education: http://www.just-for-kids.com/SERSAGE.HTM.
10. Frankel, F., Myatt, R., & Cantwell, D. P. (1995). Training outpatient boys to conform with the social ecology of popular peers: Effects on parent and teacher ratings. *Journal of Clinical Child Psychology*, 24, 300-310. Frankel, F. (2005). Parent-assisted children's friendship training. ln E. D. Hibbs & P. S. Jensen (Eds.), *Psychosocial treatments for child and adolescent disorders: Empirically based approaches* (2nd ed., pp. 693-715). Washington, DC:

著者紹介
フレッド・フランクル（Fred Frankel）
カリフォルニア大学ロサンゼルス校（UCLA）精神医学・生物行動科学科教授。博士（心理学）。長く社会性の発達支援，特に友だち関係作りのプログラム開発等の世界的な研究・実践を行ってきた。UCLA のペアレント・トレーニングとチルドレンズ・フレンドシップ・プログラムのディレクターを務めている。

監訳者紹介
辻井正次（つじいまさつぐ）
中京大学現代社会学部教授。NPO 法人アスペ・エルデの会 CEO。浜松医科大学子どものこころの発達研究センター客員教授。
《主な著訳書》:『発達障害のある子の育ちの支援―家族と子どもを支える』(単著，2016 年，中央法規)，『発達障害のある子どもたちの家庭と学校』(単著，2015 年, 遠見書房),『発達障害児者支援とアセスメントのガイドライン』(監修・共著, 2014 年, 金子書房),『発達障害のある子どもができることを伸ばす！学童編』(2011 年)，『発達障害のある子どもができることを伸ばす！幼児編』(2011 年),『発達障害のある子どもができることを伸ばす！思春期編』(共著, 2013 年，いずれも日東書院本社)，『友だち作りの科学―社会性に課題のある思春期・青年期のための SST ガイドブック』(監訳，2017 年，金剛出版)，『発達障害支援に生かす適応行動アセスメント』(監訳, 2021 年，金子書房）など。

翻訳
足立匡基（1-6 章）　明治学院大学心理学部・准教授
村山恭朗（7-11 章）　金沢大学人間社会研究域人間科学系・准教授
浜田　恵（12-14 章）　名古屋学芸大学ヒューマンケア学部・准教授
明翫光宜（15-20 章）　中京大学心理学部・教授
髙柳伸哉（21-24 章）　愛知教育大学教育科学系心理講座・准教授
増山晃大（25-30 章）　医療創生大学心理学部・助教

翻訳担当者
1 章　足立匡基
2 章　新川広樹　弘前大学教育学部・助教
3 章　森　裕幸　帝京平成大学健康メディカル学部・助教
4 章　森　裕幸
5 章　三上美咲　弘前大学大学院保健学研究科・助教
6 章　新川広樹
7 章　吉田翔子　名古屋大学 教育発達科学研究科 心理発達科学専攻 博士後期課程・大学院生
8 章　横山佳奈　名古屋大学心の発達支援研究実践センター・特任助教
9 章　香取みずほ　NPO 法人アスペ・エルデの会・児童指導員
10 章　横山佳奈
11 章　吉田翔子
12 章　中島卓裕　中京大学現代社会学部・研究員
13 章　田倉さやか　NPO 法人アスペ・エルデの会・児童指導員
14 章　中島卓裕
15 章　山口　翔　NPO 法人アスペ・エルデの会・児童指導員
16 章　下手花音　NPO 法人アスペ・エルデの会・児童指導員
17 章　中山和也　NPO 法人アスペ・エルデの会・児童指導員
18 章　佐藤泰一　NPO 法人アスペ・エルデの会・児童指導員
19 章　明翫光宜
20 章　明翫光宜
21 章　髙柳伸哉
22 章　和田浩平　医療法人仁精会三河病院・心理士
23 章　和田浩平
24 章　鈴木（大隅）香苗　浜松医科大学児童精神医学講座・特任研究員
25 章　久保尊洋　筑波大学人間系・特任助教
26 章　久保尊洋
27 章　久保尊洋
28 章　増山晃大
29 章　増山晃大
30 章　増山晃大

子(こ)どもと親(おや)のためのフレンドシップ・プログラム
人間関係が苦手な子の友だちづくりのヒント 30

2023 年 1 月 25 日　第 1 刷

著　者　フレッド・フランクル
監訳者　辻井正次(つじいまさつぐ)
訳　者　足立匡基(あだちまさき)・村山恭朗(むらやまやすお)・浜田　恵(はまだめぐみ)
　　　　明翫光宜(みょうがんみつのり)・髙柳伸哉(たかやなぎのぶや)・増山晃大(ますやまあきひろ)
発行人　山内俊介
発行所　遠見書房

〒 181-0001　東京都三鷹市井の頭 2-28-16
株式会社　遠見書房
TEL 0422-26-6711　FAX 050-3488-3894
tomi@tomishobo.com　https://tomishobo.com
遠見書房の書店　https://tomishobo.stores.jp/

印刷・製本　モリモト印刷

ISBN978-4-86616-158-7　C0011